レシピ公開「伊右衛門」と絶対秘密「コカ・コーラ」、どっちが賢い？

特許・知財の最新常識

新井信昭
Arai Nobuaki

新潮社

はじめに

「知財」は本当に、あなたに関係ないものですか?

私たちは「知財」に囲まれている

みなさん、こんにちは。知財コミュニケーターの新井信昭です。

耳なじみのない肩書きだと思いますが、それもそのはず、私が自分で考えたものです。

『知財コミュニケーター』の仕事とは、知財をつくること、守ること、利用することについて、ご相談にお応えし、お世話をすること。

そうした活動を通じて、多くの人に『知財コミュニケーション力』をつけていただくことを使命とするものです。

といっても、そもそも「知財」という言葉に、なじみがない方が多いかもしれませんね。

「知財」とは「知的財産」を短くした言い方で、知的財産を分解すると「知的」な「財産」となります。

「知的」とは人間が頭で考えた「アイデア」のことで、「財産」とは「お金を儲けるためのネタ」のこと。

つまり、「知的財産」とは「お金を儲けるために、人間が考えたアイデア」のことです。

みなさんがよく知っている知財の例を挙げてみましょう。

盗作疑惑が持ち上がった末、取り消しとなった２０２０年東京オリンピック・パラリンピックのエンブレム、ミッキーマウスやハローキティといったキャラクター、今や持っていない人のほうがめずらしいくらいのｉＰｈｏｎｅやｉＰａｄ、ディオールやルイ・ヴィトンなどの高級ブランドの商品デザインやブランドイメージ、コカ・コーラやケンタッキーフライドチキンの秘伝のレシピ、芥川賞を受賞した、又吉直樹さんの小説『火花』、大人気のＳＦ映画『スター・ウォーズ』シリーズなど、まだまだたくさん頭に浮かびます。

ｉＰｈｏｎｅやｉＰａｄはデザインそのものも知財であり、搭載される多彩な機能を支えるアイデアもすべて知財です。

機能を支えるアイデアを「技術」「発明」と呼ぶ場合もあります。この本の中で「アイデア」というときは「技術や発明のことも含まれている」と理解してください。

一見バラバラに見える、これら知財の共通点は、「はじめから世の中にあったわけではない」ということです。ｉＰｈｏｎｅやミッキーマウス、ルイ・ヴィトンもすべて、あるとき人間が考え出した「お金を儲けるためのアイデア」なのです。

「知財って何？」と思っていたみなさん、どうでしょう。知財というものが、「私には関係ない」「私とは別世界のもの」では決してない、ということを少しわかっていただけたでしょうか？　私たちは日々、知財に囲まれて生活しているのです。

「特許」についての大いなる誤解

シャープが台湾の鴻海（ホンハイ）精密工業に買収され、東芝もまた存続の危機に立たされるなど、このところ日本経済を支えてきた名門企業の衰退を象徴するようなニュースを頻繁に耳にします。要因はさまざまあるでしょうが、ひとつには「アイデアの海外への流出」がある。このことに異論を唱える人は少ないでしょう。

この「アイデアの海外への流出」がどうやって起きているか、ご存知ですか？　研究者の引き抜き？　はたまた、産業スパイの暗躍？　いえいえ、それだけではありません。「特許」が原因の流出も看過できないほどに多いのです。

「え、どうして？　アイデアを守ってくれるのが『特許』じゃないの？」

そう思われますか？

実は、守ってはくれません。

それどころか、特許出願することによって、出願を行った人ばかりか、日本にとっても大切な財産であるアイデアが、今、この瞬間も世界中に漏れ出し、誰かに無断で使われている。巡り巡って、私たちのビジネスを脅かしているのです。

私は、今まで３０００件以上の知財についてコンサルティングをしてきました。そして、１０００件以上の特許や実用新案の出願のお手伝いもしてきました。

その経験を踏まえて言えることは、特許出願を望む方のほとんどが「特許出願さえすれば、特許庁によって自分の技術が自動的に半永久的に守られる」と思っている、ということです。「知財は自分に関係ない」と思っている人ばかりか、「私のビジネスは知財で成り立っている」と思っている人でさえ、その多くが「特許さえ出願しておけば安心」という大いなる誤解を抱いているのが、日本の現状です。大変恐ろしいことです。

でも、それも無理はないのかもしれません。

暇を見つけては書店を訪れ、職業柄、特許に関するコーナーものぞくのですが、そこにある本が「中小企業が生き残るには、開発した技術について、すべて特許出願すべき」という内容のものばかりなのですから。

特許について正確に理解しているであろう弁理士はじめ特許の専門家がなぜ、技術流出というリスクや、特許を取る前や特許を取った際、いかにビジネスに戦略的に使っていくかということを十分に説明することなく、ただ「中小企業が生き残るには、開発した技術をすべて特許出願すべき」という本を書くのか、大いに理解に苦しむところです。

日本のモノづくりを弱らせたもの

かつて金型技術は日本のお家芸でした。その技術は今や、日本の代わりに中国その他のアジアの国々で当たり前のように使われています。

東京都大田区の、ある金型企業の経営者に聞いたところ、最近の注文はタイ国から来るそうです。どのような仕事かというと、日本企業がタイ国の企業に発注した仕事のうち、時間的に間に合わない仕事、技術的にできない仕事がタイ国の企業から日本へ逆輸入的に発注されるのだそうです。

なんだか悔しくありませんか？　なぜ、日本の金型産業が外国の下請け的な地位に甘んじなければならなくなったのでしょうか？

これも本書で詳しくお話ししますが、発端は１９９０年あたりから、金型を必要とする日本の大手企業が、ノウハウのたくさん詰まった金型図面を下請けの金型企業に提出させ、これを中国などの外国企業に渡してしまったことにあるといえます。

この金型の事例が示すように、何代にもわたり、受け継ぎ磨かれてきた日本の匠の技というアイデアが、今、いとも簡単に扱われ、使い尽くされようとしています。あたかも地球の奥底で何億年もかかって作られた化石燃料を産業革命後のわずかな期間で枯渇させかけてしまったかのように。

特許出願以外にも、私はこうした「もったいない！」「絶対におかしい！」「それでは、せっかくのアイデアをライバルに教えるだけじゃないか！」としか言いようのないアイデア、特に発明や技術に関する大切なアイデアの垂れ流しの現場をたくさん見てきました。

日本のモノづくりが弱体化してしまっていることの背景には、いろいろな要因があるのでしょうが、こうしたアイデアの流出が大きな要因であることは間違いありません。このようなことを防ぎたい。その思いが、この本を書こうと思った理由の１つです。

『伊右衛門』vs.『コカ・コーラ』の秘密

本書のタイトルにも出てくるサントリーの緑茶飲料『伊右衛門』。みなさんは、この『伊右衛門』の作り方を誰でも簡単に見られることを知っていますか？

それは、サントリーの「特許公報」に書かれているからです。

特許公報とは、特許を認められたアイデアの内容が詳しく書かれた日本国政府（特許庁）が発行する公文書のことです。発行はインターネット上で行われるので、世界中の誰もが、いつでも見ることができます。

試しに、特許庁（独立行政法人　工業所有権情報・研修館）のホームページ『特許情報プラットフォーム』でサントリーの特許公報を検索してみてください。すぐに見つかると思います。

特許公報を読んだだけで、同じものがすぐに作れるわけではありませんが、見るだけで「競合品を作ろう」、または「差別化した商品を作ろう」とする同業他社にとって、大いに役立つことは簡単に想像できると思います。

一方、流出にまつわる様々なウワサはあるものの、『コカ・コーラ』の作り方は「完全に秘密」とされています。一説には、そのレシピはアトランタにある銀行の地下金庫に厳重に保管されており、ほんのひと握りの人間しかその内容について知らないといいます。「知っているのは、たった2人」という説もありますから、日本コカ・コーラ社の社長でさえ、知らないのかもしれません。

世界最大のブランディング会社であるインターブランドが発表した、2016年度の『グローバルブランド価値評価ランキング』によれば、コカ・コーラ社は、アップル、グーグルに次ぐ、第3位にランキングされています。

ＩＴという21世紀の象徴ともいえる新しいステージで、最先端の戦いを繰り広げる２社に対し、『コカ・コーラ』が発売開始されたのは１８８６年です。

以来、１３０年もの間、ブランド力を高め続けているコカ・コーラ社。当然ながら、競合商品を抑え、世界中で抜群の売り上げを誇っています。

同様の強さをもつ企業は他にもあります。たとえば、ケンタッキー。あのフライドチキンが最初に作られたのは、１９３９年のこと。これまた大人気ですが、あのチキンと同じ味は誰にも作れません。

老舗のうなぎ屋は、何十年も継ぎ足し守ってきた「秘伝のタレ」を持っています。行列のできるラーメン屋のスープのレシピはたいてい「門外不出」です。

これらの企業が強さを維持できている理由、それは「レシピを特許出願したりせず、完全に秘密にしているから」です。

自分たちが競争力を長く保ち続けるための源泉であるレシピ、技術、工夫、技、コツなどのアイデアを秘密にしておき、決して外部に「見せない、出さない、話さない」。

さらには、そうしたレシピの秘密性を強調することで、消費者を引きつける戦略をとっているといえます。

反対に、大切なアイデアを世界中の誰でもが見られる状況にさらしてしまうのが、「特許出願」であるのです。

「なるほど、『コカ・コーラ』と『伊右衛門』では、『コカ・コーラ』のほうが賢いんだな」と思われた方。その判断は早計というものです。『伊右衛門』には『伊右衛門』の戦略がありまず。

特許を出願するか、しないか。知財となるアイデアを見せるか、見せないか。そこに優劣はありません。大事なのは「知財をいかに戦略的に利用するか」なのです。

私が知財コミュニケーターとして、多くの人に「知財コミュニケーション力」をつけていただくことを使命としているのも、それゆえ、といえます。

「知財コミュニケーション力」の有効性

2011年に発生した東日本大震災によって、福島第一原子力発電所の事故が発生し、炉心がメルトダウンする事故が起きました。このときメディアに出てきた東電社員や学者たち、いわゆる原子力の専門家たちの話を覚えていますか？　「○○シーベルト」というアレです。いくら真剣に聞いてもチンプンカンプンだったのは、私だけではないはずです。

聞いている私たちは放射能のことを何も知らない。対して、専門家は素人でもわかるような説明ができない。聞き手と話し手双方に、もう少し高い「科学コミュニケーション力」があれば、あの混乱の何割かは小さくできたのではないでしょうか。

また、みなさんの中にも、毎年正月に行われる箱根駅伝のファンだという人は、少なくないと思います。私もこの2日間、駅伝の時間は観戦以外に何もしないほどの大ファンです。

2015年、2016年と青山学院大学が連続優勝を果たしました。初優勝を果たした2015年の大会後、1月13日付の東洋経済オンラインは優勝の要因の1つとして、原晋（すすむ）監督の選手とのコミュニケーション力を挙げています。原監督自身もまた、著書の中で説いているのは、「コミュニケーションの重要性」です。

これら2つの事例から学べるのは、「目的を達成するためには、コミュニケーション力が必要不可欠」ということです。コミュニケーション力がなければ、コミュニケーションはとれません。日本語しか話せない日本人とフランス語しか話すつもりのないフランス人が話そうとしてもうまくいくはずがないことに似ています。

知財だって、同じです。聞き手にとってどんなに役立つ話でも、理解してもらえなければただの絵に描いた餅です。

これを食える餅にするためには、「知財コミュニケーション力」を双方が高めることです。

そうすれば、どうやれば知財をつくり出せるのか、どうやって使えば儲かるのか、などといった情報が手に入りやすくなり、勘も働くようになります。

不注意な扱いによりアイデアが盗まれ、あなたが一生懸命考えてやっと食える餅にした「お金を儲けるためのアイデア」が、あなただけのものではなくなってしまう事態も防ぐことができます。

食える餅となるアイデアはどんなときに生まれるか、わかりません。知財コミュニケーション力がないばかりに、もしかしたら食える餅を見逃している……なんてことがあるかもしれません。

知財ビジネスとは直接、関係ないとしても、知財について、もう少し知識を深めれば、世の中の仕組みそのものも、これまでとは違って見えてくるかもしれません。

たとえば、子供から大人、外国人まで、スマホ片手にゾンビのように街をうろつく現象を生み出した携帯ゲームアプリ『ポケモンGO』。

知財が気になって仕方なかった私は早速、『ポケモンGO』のホームページを見てみました。それによると、開発企業は米ナイアンティック社。先にも紹介した『特許公報』で、同社の特許を検索したところ、ある特許が見つかりました。

バーチャル世界にある、さまざまなバーチャル要素やバーチャル物体を捕まえることができることやそれらを現実の世界の地図上にリンクさせられること、などがその内容。

「なるほど、このアイデアをゲーム開発に利用したんだな」と、1人悦に入りました。

この大ヒットを目にして、競合他社が黙っているはずはありません。このアイデアをもとに、ナイアンティック社と他社が今後、さらなる開発競争を見せるのは必至でしょう。

バーチャルのモンスターを追って、街中をウロウロするよりも、そちらの展開を追っていくほうがよっぽどワクワクできそうです。

こんなふうに、知財コミュニケーション力があれば、身近な話をこれまでとは少し違った視点から理解し、語ることができるようになります。そんなあなたは仲間からは一目置かれ、「仕事ができるヤツ」として、会社での出世も夢ではなくなるかもしれません。

実際、『知的財産管理技能検定』という知財コミュニケーション力が問われる資格試験が2008年度よりスタートしています。驚くなかれ、これは国家資格。就職活動にのぞむ学生にも「就職に有利な資格」として堂々、紹介されています。

医師免許が医療業界のものであり、宅建士が不動産業界のものであるように、たいていの資格は一業界においての専門性を保証するものです。医師免許をもって、不動産業界で活躍することはできません。

一方、『知的財産管理技能検定』で得た資格は「知財がある現場」ならば、どこでも優遇されます。冒頭に列記したように、iPhoneやミッキーマウス、ルイ・ヴィトン、小説に映画。メーカーからエンターテインメント業界、ファッション業界、マスコミ業界……、「知財コミュニケーション力が重宝されない現場はない」と断言できるのです。

ノーベル賞の裏に、知財コミュニケーション力あり

知財を知り尽くし、賢く戦ったゆえの成功として、格好の例があります。ノーベル生理学・医学賞を受賞した山中伸弥教授です。

山中教授が所属する、京都大学iPS細胞研究所は、iPS細胞の基本特許を取得したことにより、今日、同研究所が主導権をもってiPS細胞の研究を行うことができています。

特許成立を発表する記者会見の席上、山中教授の隣には高須直子氏の姿がありました。高須氏は山中教授がヘッドハンティングした「知財のスペシャリスト」です。

iPS細胞に関する特許が海外の企業などの手に渡れば、高額な使用料が発生し、研究が停滞する恐れがあります。また、せっかく新薬が開発されても、一般人には手の出ないような高額医療とされてしまう可能性も高い。そのような事態を防ぐため、「自分たちでしっかりと特許を押さえておこう」と、高須氏を迎えたのでした。

特許競争は早々に起こりました。山中教授らがヒトｉＰＳ細胞の前段階として、マウスｉＰＳ細胞の論文を発表すると、世界中の研究者がこれに飛びつきました。この論文を大いなるヒントとして、みな我先にと、ヒトｉＰＳ細胞へ走り出したのです。

このような事態は当然、予想されるもので、山中教授も「マウスｉＰＳ細胞の論文は出したくなかった」と発言しています。これは「２～３年に一度は論文として成果を出さないと、研究を続けることを許されない」という、日本の大学の研究制度の問題点を如実に物語っています。ヒトｉＰＳ細胞樹立に成功してから、特許出願、さらに論文を発表していれば、こんな競争は起こらなかったでしょう。

今年、ノーベル生理学・医学賞を受賞した大隅良典教授も受賞直後の会見において、「少しでもゆとりをもって、基礎科学を見守ってくれる社会になってほしい」「今は過去の遺産を食いつぶしている。長期的な展望で仕事をすることが難しくなっている」「日本人のノーベル賞受賞者が毎年出ていることで浮かれている状態ではない」と、受賞の喜びよりも、現在の日本の研究環境への危機感を訴えていました。

この２人のノーベル賞受賞者の話からは、知財を巡る日本の環境には、特許以外にも問題が山積していることが強く伝わってきます。

話を山中教授に戻しましょう。

間を置かず、ヒト iPS細胞に成功し、国際特許を出願した山中教授らに、「うちのほうが先だ」とアメリカのベンチャー企業が嚙み付いてきました。もちろん、山中教授らのマウスiPS細胞の論文ありきの内容で、日本国内ならあり得ない主張でしたが、そんな理屈が通じる相手ではありません。

こういった訴訟に備えて、万全の対策を練ってきていた高須氏らは「負けはしないだろうが、訴訟が長引けば、その後の研究に悪影響となること間違いなし」と考え、速やかに「痛み分け」という形で決着させました。

もちろん、守るべきところはしっかりと守った結果が、ノーベル賞受賞やその後のヒトiPS細胞をつかった数々の臨床手術の成功という成果に表れています。

もし、高須氏のような知財のスペシャリスト不在の状態で、訴訟を仕掛けられていたら、いったいどうなっていたことでしょう。

訴訟慣れしている米国弁護士らが相手です。これまで、日本の多くの企業や研究者らが煮え湯を飲まされてきたように、簡単に手玉に取られていたことでしょう。

山中教授も、そのような先例を数多く見てきたことから、知財のスペシャリストの必要性を痛感し、ヘッドハンティングまで行ったのだろうと思います。

ここを見誤り、研究にだけ没頭していたら、いかに山中教授であっても、ノーベル賞受賞はなかったかもしれません。

ノーベル賞の裏に知財コミュニケーション力あり、なのです。

このような特別な例だけでなく、知財コミュニケーション力はあなたにとっても、大いに意味のあるものです。

本書は、特許出願をするための手引書でも、特許出願をすすめるためのものでもありません。「特許出願をしようかな」と考えていらっしゃるみなさんはもちろん、「知財なんて関係ない」と思っているみなさんにも、正しく知財を知っていただき、知財コミュニケーション力を高め、ビジネスに、人生に、大いに生かしてもらうための本です。

ヒト、モノ、カネがなくても簡単に実践でき、それでいて抜群の効果が期待できる手法をご紹介しますので、中小企業のみなさんには特に役立てていただきたいと思います。

キーワードは「知財コミュニケーション力」と「見せない、出さない、話さない」です。

半日もあれば読め、「これなら、今すぐにでもできそう」と思っていただけるよう工夫して書きました。難しい専門用語や数式などの知識は一切不要です。

とにかくわかりやすさを最優先にしましたので、正確さを欠く表現があるかもしれません。著者の意図をご理解いただければ幸いです。

身近にありながらも、仰々しく神棚のようなところに飾られたまま、多くの人に「関係ないもの」とされてきた知財。今こそ、知財コミュニケーション力を自分のものとし、豊かな人生を送るための武器としてください。

この本がそのお役に立てるよう、私の知るすべてのことをお伝えしようと思います。

さあ、知財コミュニケーターへの扉をともに開けましょう！

もくじ

もくじ

第2章 アイデアは「見せない、出さない、話さない」

第3章 知財の法廷に、大岡越前はいない

第4章　アイデアの「現場」に魔の手が迫る

第5章　『知財コミュニケーション力』という武器

第1章

特許出願は「アイデアを盗んでください」と、全世界に宣言すること

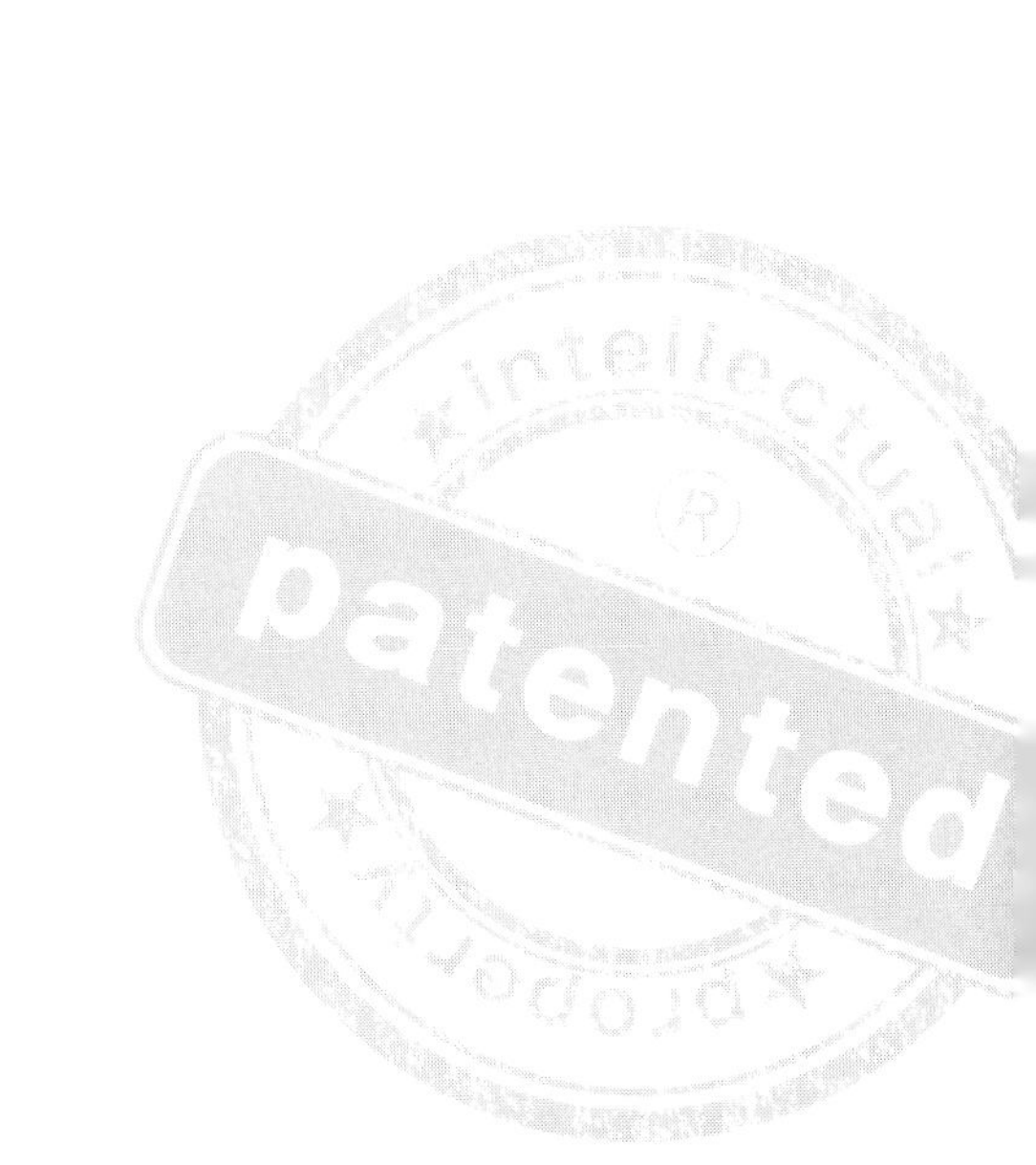

そもそも「特許」とは？

「はじめに」を読んで、

「なんだ、この新井ってヤツは。特許出願する人で商売してきたくせに、『特許出願をすすめない』とは、どういうことだ？」

と、思われた方も多いことでしょう。たしかに、その通りです。

私は、特許出願すべてを否定しようというのではありません。正しい特許出願についても、もちろんお話ししますが、まずは特許を正しく理解し、特許出願が自分のアイデア（技術・発明）にとって「いいこと」であるのか、「害になること」であるのかをしっかり見極めてほしいと思っているのです。

なぜなら、残念なことに、現状では害になっているパターンが圧倒的に多いから。

そんな過ちを犯してしまわないように、まずは特許についての基本から説明していきましょ

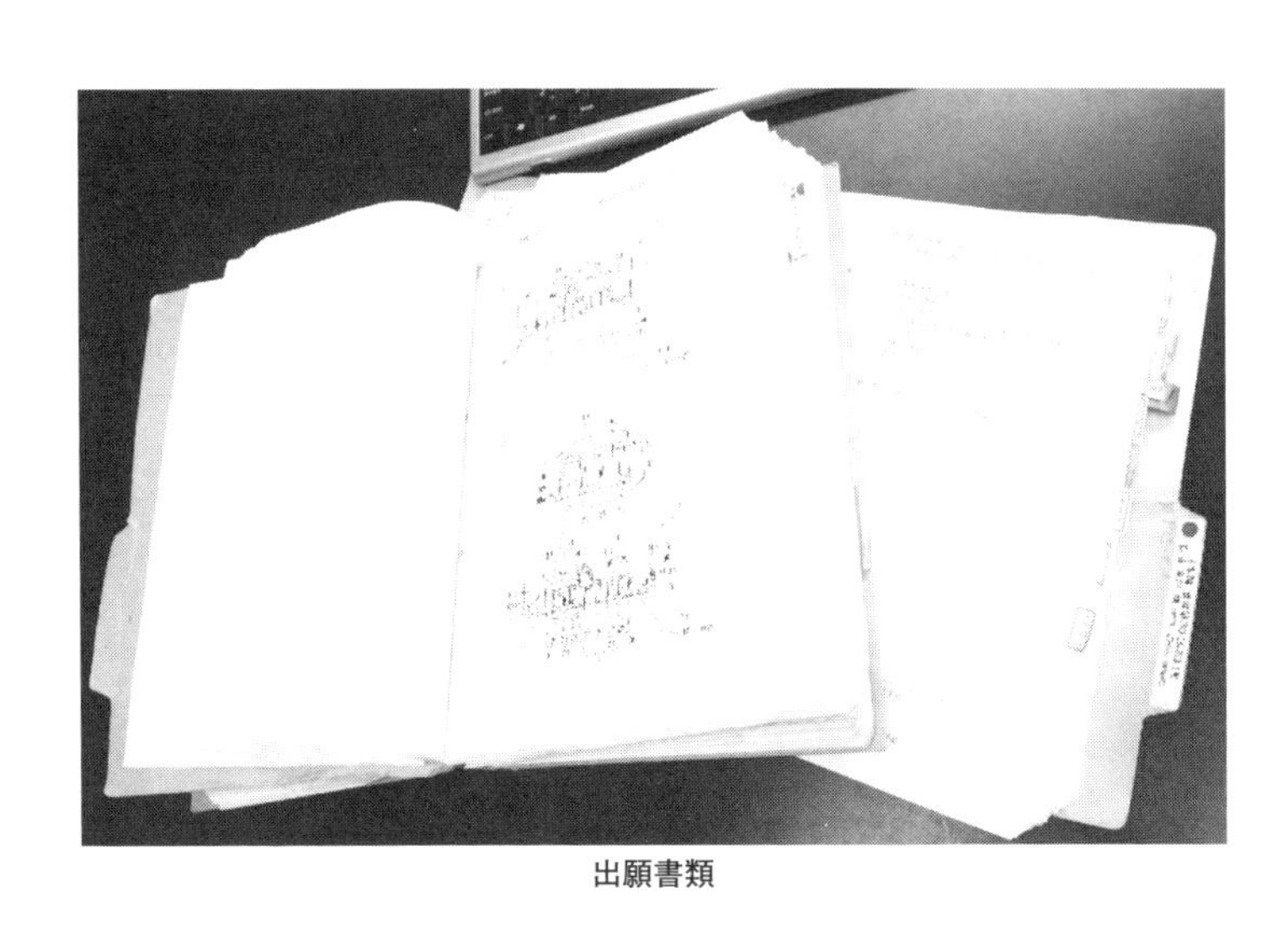

出願書類

う。

そもそも「特許」とは何なのでしょう？　「特許＝知財」とよく言われますが、正確ではありません。知財とは「頭で考えたお金儲けのアイデア」です。特許の対象となる発明は、間違いなく知財の1つです。

そして、特許は「特許法」という法律によって知財に与えられる権利のことです。

私なりの言い方をすると、特許というものは「知財に着せた透明な防護服」です。放射線から作業者を守る放射線防護服や火災から消防士を守る消防服のイメージです。

防護服を着ていれば、外敵からは守られるかもしれませんが、透明なので中身は丸見えになってしまっている。これが、特許なのです。

特許を取るには、アイデア（発明や技術内容）

を詳しく説明した「出願書類」を特許庁に提出することから始めます。

出願書類の作成は、プロ（弁理士）に依頼するのが一般的です。その場合、30万〜50万円ぐらい必要で、時にはもっとかかるときもあります。

もちろん、自分で書いて出願することもできますが、経験のない人が出願書類を作成するのは正直、厳しいかもしれません。

というのも、出願書類は「空欄を埋めればできあがる」という単純なものではなく、ルールに則った作法で、かつ創作的に書かなければならないものだから。この書き方次第で、取れる特許も取れなくなってしまうのです。耳が痛い気もしますが、同じ弁理士でもその能力はピンキリ……ともいわれます。

こうして特許庁に提出された出願アイデアは、審査官という役人によって、似たようなアイデアが先に出願されていないかチェックされます。

先に出願されているアイデアを「先行アイデア」といいますが、ここで似ている先行アイデアが見つからなければ、そのまま特許が認められます（ここまでで通常1〜3年ほどかかります）。

先行アイデアが見つかったときは、審査官はそのことを出願人に通知してきます。通知を受けた出願人は、一定のルールの下でアイデアの説明の仕方を変えたり、反論したりすることができます。これによって先行アイデアとの差別化が認められれば特許が取れますが、認められなければ取れません。

出願するとき、審査してもらうとき、特許が認められたとき、それぞれに実費（印紙代）がかかります。内容にもよりますが、合計して15万〜20万円ぐらいになります。出願書類の作成料も別途かかるとすれば、安い金額ではないと思います。

しかも、特許を認められた後も、毎年5万〜10万円ずつ特許料を納める義務があり、納めないと特許がなくなってしまいます。

ちなみに、この特許料のことを「年金」と呼びます。年金というと、おじいちゃんおばあちゃんが国から受け取るお金というイメージですが、特許の世界では特許権者（特許権のオーナー）が国（特許庁）に納めるお金になります。

それだけの決して安くないお金を払って特許出願したとして、最初の審査で先行アイデアが見つからず、スムーズに特許が認められる例は全体の20％以下といわれますから、ほとんどの出願アイデアが先行アイデアとの差別化をはかり、あれこれ手を尽くすことになります。

長期戦になったとしても、特許が取れればまだラッキー（取れたとしても、当初思い描いていたアイデアの何十分の一程度の範囲であったり、そもそも特許自体が害をなす場合も多いのですが……）、取れない場合もまた多く、ほぼ半数の出願アイデアが「断念」という道を選びます。

さらに悪いことに、出願した時期から1年半が経過すると、特許が取れた、取れないにかかわらず、特許庁のホームページ上にある『公開特許公報』に出願内容がすべて掲載される決まりになっています。

このところの日本の年間特許出願件数は、約35万件。そのうち、この事実を知っている出願者がいったいどれほどいるでしょうか？

「特許さえ出願すれば、大事なアイデアは守られる」、多くの人が特許にそんなイメージをもっている現状に警鐘を鳴らしたい、私の気持ちが少しはわかる気がしてきませんか？

日本のアイデアは全世界にさらされている

たとえば、あなたがビジネスになりそうなアイデアを開発し、それを特許出願したとします。あなたは特許出願することによって、大事なアイデアを守ろうとするわけですね。

ところが、出願から1年半後、特許庁はあなたの大事なアイデアをインターネット上に公開します。特許庁は、あなたがこの事実を「当然知っている」と思っていますので、何の断りも入れてきません。

インターネット上に公開されたあなたの大事なアイデアは、当然ながら世界中の誰でもが、1年中いつでもどこでも読むことができます。

つまり、特許庁によって、あなたの知らない間に、あなたの大事なアイデアが全世界にさらされてしまうのです。冒頭で、「特許とは、知財に着せた透明な防護服」であると説明した理由がここにあります。

特許を出願しても却下された、またはアイデアの何十分の一しか認められなかった場合、あなたにもたらされるのは、「大事なアイデアが全世界にさらされた」というリスクのみです。知らない間に世界のどこかであなたのアイデアがパクられ、まわりまわって、あなたのビジネスを窮地に陥れることがあるかもしれないのです。

いったい毎年どれくらいの人がそうとは気づかないまま、この憂き目に遭っているのでしょうか。

特許庁がアイデアを公開する理由

そもそも、特許庁はなぜアイデアの公開などするのでしょう？

ざっくり言うと、2つの理由があります。

１つは、アイデアを公開すれば、それを知った他者は同じアイデアを自分自身で考えようとはしません。同じアイデアにお金と時間を注ぎ込んだところで、後から出したアイデアは特許を取ることはできないからです。

アイデアを公開することは、多くの開発者の「無駄」を防ぐことになる。これが「出願公開」という仕組みがつくられた、１つ目の理由です。

そして、たとえば、Ａ社のアイデアＵが公開されたとき。Ａ社のアイデアＵを見たＢ社は、それを土台にして、もっといいアイデアＶをつくろうとするはずです。

そして、アイデアＶが完成し、これが特許出願され、公開されたとき。そのアイデアＶを見たＡ社やその他のＣ社、Ｄ社は、Ｂ社がしたようにさらにいいアイデアＷをつくろうとします。

このようにバームクーヘンがひと巻きひと巻き積み重なって厚みを増していくように、出願公開によってアイデアＵからアイデアＶへ、さらにアイデアＷへと積み重なり、日本のアイデアのレベルが高くなっていくことがわかります。

これが出願公開の２つ目の理由です。

出願公開を行う国は日本だけではありません。米欧中韓など、ほとんどの国で行われています。

日本で始まったのは１９７１年ですから、もうかれこれ半世紀近く前のことです。

その頃の出願公開は、『公開特許公報』として紙媒体で公開されていました。

分厚い百科事典のような冊子に、公開公報が番号順に綴られていて、それらは特許庁や大きな図書館などに行かないと見ることができませんでした。コピーを手に入れるのも大変で、業者に頼んで高いコピー代を払わなくてはなりませんでした。

国内でこんな状況ですから、海外に住んでいる人が日本の公開公報を手に入れることはとても手間のかかることでした。

おまけに、日本のアイデアのレベルと比べ、周辺国のレベルは今よりずっと低かったので、日本の公開公報を手に入れたとしても、見てすぐに真似できるというものでもありませんでした。

この状況を劇的に変えたのが、インターネットです。

日本の特許庁が公開公報をインターネットで公開するようになったのは、20世紀末の１９９９年の３月31日です。

これによりデジタル化された日本の公開公報に世界中からアクセスが集まるようになり、日本のアイデアがどんどん世界中に漏れ出したのです。

１９９９年といえば、かつて1位だった日本の国際競争力がバブルの崩壊とともに急落し、24位にまで落ち込んだ年。つまり、周辺国の技術レベルが上がり、日本との差が以前に比べ、ずっと小さくなった時代です。

周辺国はこぞって日本の公開特許公報をインターネットから入手し、そこからアイデアを拾い出し、自分たちの栄養として吸収していったのです。

ちなみに、特許を取得した後、公開されるものを「特許公報」といいます。「公開公報」は特許として認められる前の、出願されたアイデアの一覧集。前述したように、その半数以上は「特許断念」する類のアイデアです。まさに玉石混淆といえます。

そこから、「金になるアイデア」を探し出そうというのですから、その国を挙げての執念はすさまじいものがある、といえるかもしれません。

そうした執念の賜物か、周辺国の企業は育ちざかりの子供のように急成長していきました。そして、競合する日本企業の体力を容赦なく奪っていったのです。

インターネットがあまりにも便利なため、今ではそれが存在しない世の中を想像することさえ難しくなりました。でも、あなたにとって便利であるということは、誰にとっても便利であるということです。

ここで強く認識していただきたいことは、今、私たちは「アイデアには国境がない」時代に突入しているということです。これが、特許出願がもつ最大のリスクといえるでしょう。

アイデアに国境はないが、特許には国境がある

「アイデアには国境がない」ということの意味をもう少し詳しく説明しましょう。

Ａ社は、従来の自社商品であった「コイルバネＳ」をローコストで作れる画期的なアイデア「製造アイデアＭ」を生み出しました。

「製造アイデアＭ」をもとに作られた「コイルバネＳ」は、見た目も性能も以前とまったく変わりません。Ａ社は「コイルバネＳ」の納入先である、大手自動車メーカーＢ社に、それまでと変わらず、１個５円で納入し続けました。

１個４円で納入しても十分に採算がとれるようになっていましたが、５年もの歳月をかけ、大金をつぎ込み、やっとたどり着いた「製造アイデアＭ」です。開発費用を取り返したいし、さらに新しい製造アイデアを開発するための資金も必要です。

Ａ社がこの「製造アイデアＭ」を使って、今までよりたくさんお金を儲けることは、企業として当然の権利であり、決断といえます。

さらに、Ａ社の社長さんはこう考えました。

「せっかくのアイデアをどこかに真似されたら大変だ。ここはひとつ、特許でも取っておこう」

社長さんは早速「製造アイデアM」の内容を詳しく説明した書類を作り、2016年1月10日に日本の特許庁に特許出願しました。

社長さんは「これで『製造アイデアM』は、うちだけのものだ」と、ホッと胸をなでおろしました。

そして、特許出願から1年半後となる2017年の夏、その画期的な発明「製造アイデアM」は特許庁によりインターネット上に公開されました。社長さんのもとに特許取得の朗報が届けられる前に、「製造アイデアM」は日本だけでなく世界中の誰もが知るところになってしまったのです。

ここで「アイデアには国境がない」と同様に、認識していただきたいのが「特許には国境がある」ということです。

特許は国ごとのもので、出願していない国ではまったく効力がありません。日本で特許を出願して、特許を取れたとしても、その効力が全世界に及ぶわけではないのです。そのため、先に登場していただいた山中伸弥教授は、実に30カ国以上に及ぶ国で特許を出願し、ヒトiPS細胞を守っているといいます。

さて、日本でしか特許を出願していないA社はその後、どうなるでしょう?

たとえば、A社の大事な取引先である大手自動車メーカーB社が中国に進出したとします。

「コイルバネS」はA社には発注されず、中国の工場に発注されるでしょう。その中国の工場では、なぜか（特許出願したA社にとっては、ですが）「製造アイデアM」で製造されているのですから。

しかもA社に発注するよりも安く手に入るとしたら、どうでしょう？　B社はそれ以降、わざわざA社から「コイルバネS」を買ってはくれないでしょうね。

日本のみでしか特許をもたないA社は、この事態を指をくわえて見ているしかありません。

みなさんはこの事態をどう思いますか？

中国の工場が「製造アイデアM」を知っていたのは、特許庁がその内容を公開したから、とは思いませんか？

「技術は外から手に入れてくるもの」が国際ルール

少し古い話になりますが、２００５年7月1日の読売新聞に次のような記事が掲載されました。

「流出する特許出願情報」というタイトルで、特許出願を通したアイデア流出について、日本企業の脇の甘さを訴えています。その一部、中国を代表する家電企業、ハイアールの知財担当者の言葉を引用しましょう。

「数十台のパソコンで、日米欧の特許庁に寄せられた特許出願情報を検索し、製品化に役立つ研究開発情報を利用させてもらっている。だから、当社は研究費が非常に少ない」

「出願情報は、特許が認められない場合が大半だ。しかも（日米欧の）申請者は、中国国内で権利化しようとしていない。だから、法的には問題ない」

いかがでしょう？　日本で生まれたアイデアを開発に利用していることをハイアールが公に認めているのです。

ハイアールは、白物家電で今や世界第1位の生産シェアをもっています。最近では、日本でもハイアールブランドの冷蔵庫、洗濯機、エアコンなどが目につくようになってきました。

かつて家庭電化製品は日本のメーカーのお家芸だったではありませんか。「日本のような技術（アイデア）をもっていないから、他国では決して作れない」などと言っていたではありませんか。

いつの間に追いつかれ、追い抜かれてしまったのでしょう。

ハイアールは「アイデアには国境がない」、でも「特許には国境がある」というルールを上手に使って、日本の大事なアイデアをやすやすと手に入れ、それを利用しているのです。

韓国では、これも国を代表する企業であるサムスンのトップが「技術は自分たちで作り出す

日米欧出願人のグローバル出願率の推移

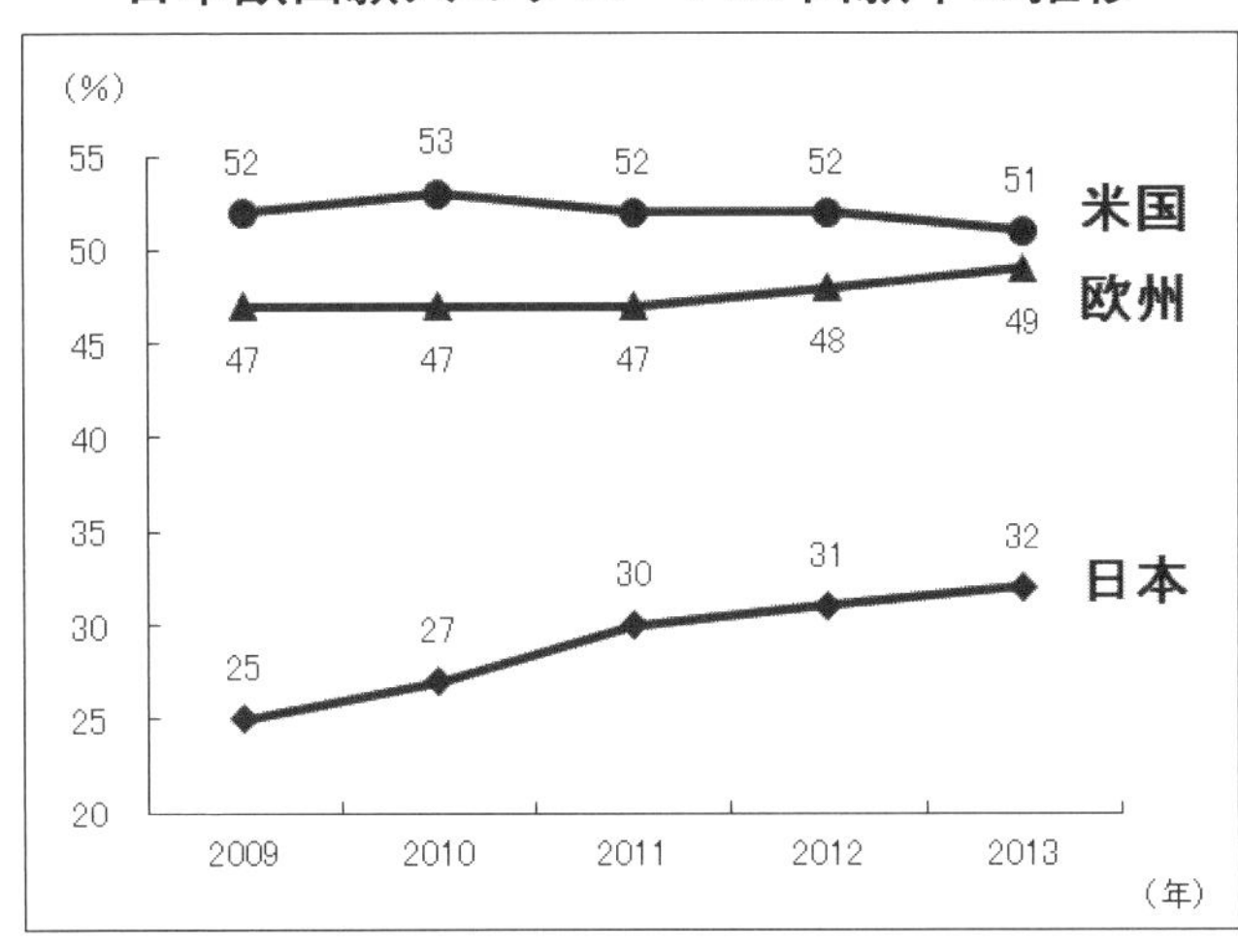

特許庁『特許行政年次報告書2016年版』のデータから筆者作成

ものではなく、外から手に入れてくるものだ」と明言したそうです。

自分の大切なアイデアを守るつもりで行った特許出願が、そのアイデアを「どうぞ盗んでください」と全世界にアピールするものであることがおわかりいただけたでしょうか？

日本の特許出願の７割が、外国でのパクリＯＫ

上のグラフは、特許庁の『特許行政年次報告書２０１６年版』のデータから作成したもので、日本、米国、欧州で、自分の国への出願と外国への出願の割合を年別に表したものです。日本なら、日本に出願されたうち、どれくらいが外国にも出願されているかという比率（グローバル出願率）を表していますが、それでも30％前後。１００件出願されたうちの30件ほどです。対して、米国や欧州では50％を外国でも出願していることがわかります。

　ここから見えてくることは、日本で出願された１００件中70件が外国ではパクリ放題、ということです。実際の数字に置き換えてみましょう。

　日本の年間特許出願件数、約33万件（２０１４年）の70％、約23万件がパクリ放題ということです。

　２０１４年の各国の特許出願数を見ると、日本が約33万件であるのに対し、中国が93万件、米国が58万件で、韓国が21万件でした。

　２０００年代に入ってから、中韓両国の特許出願の増加率はきわめて高く、特に中国の増加率は驚くほどです。特許出願数で日本が中国に抜かれたのは２０１０年ですが、そのときの日本が約34万件であったのに対し、中国は39万件でした。わずか４年で、93万件にまで激増したことになります。

　２０１１年には、世界第1位（日本は米国に次ぐ3位）に躍進した中国。その出願すべてがパクリとはいいませんが、日本の企業との訴訟に発展した例が見受けられます。そして残念ながら、日本側が敗訴し、損害賠償を支払った事実も少なくないのです。

世界機関である世界知的所有権機関（ＷＩＰＯ）の２０１５年統計値によると、韓国の単位ＧＤＰ１人当たりの出願数は、世界トップです。これは、中国の２倍、アメリカの６倍に当たります。

一方で、韓国企業の特許保有件数は増加したが、いわゆる「優良特許」を多く保有しているかについては疑問を提起する見解が多いようです（ＪＥＴＲＯ「韓国知的財産政策レポート」、２０１２年）。

特許の数ではなく、質ということに関しては、中国においても同様のことがいえるでしょう。いわば、日本がそうであったように、「特許を取れば儲かる」と思っている節があり、外国で同様の特許を申請するなど防御の姿勢がまだまだ手ぬるいのを感じます。

しかし、それは日本から中韓へ、そこから先の国々へ、パクリが重ねられていき、大切な日本のアイデアがさらに拡散していくことを表してもいるのです。

「特許をたくさんもっていれば儲かる」はウソ

さらに、ショッキングなデータをお伝えしましょう。

当然のことながら、特許取得は自国の企業の健康と活力に役立っていなければいけません。

主要国特許出願数の推移

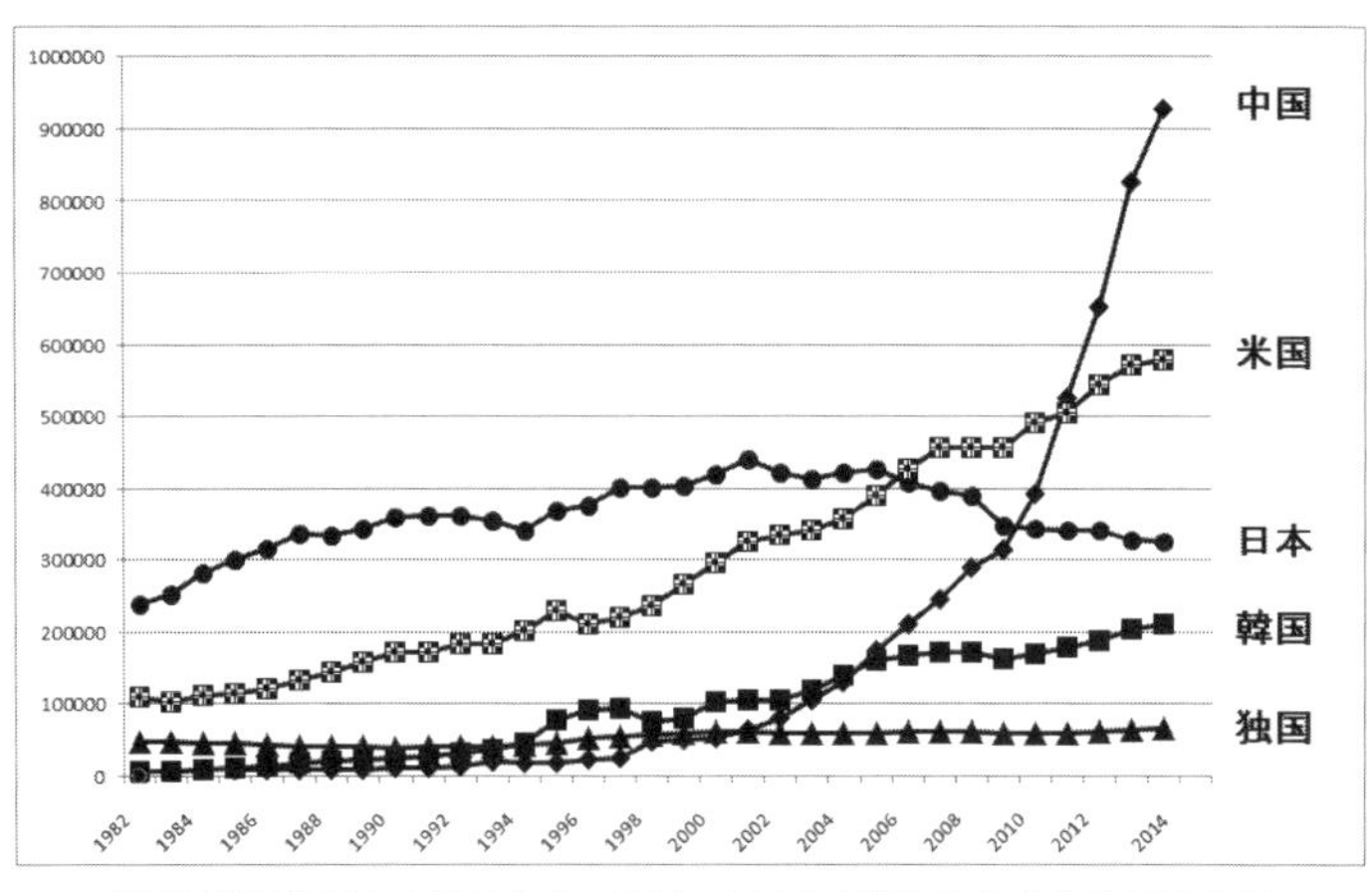

WIPO統計資料から筆者作成　各国への直接出願とPCT移行出願の合計

世界中のライバルと競争する力、そこに一役買っていなければ、その意味がないといえます。

そこで、特許出願数の推移と、それが他国との競争力にどう影響したかを調べてみました。

上のグラフを見てください。アジアの主要３カ国とアメリカ、ドイツそれぞれの年別出願数です。

驚くことに１９７０年代から２００６年まで、日本は世界でもっとも特許出願数の多い国でした。

２００５年以降は年々減少し、２０１５年の日本は、１位の中国、２位の米国に次ぐ３位にいます。

ピークは２００１年の44万件、２０１３年は33万件にまで減少しています。

「特許出願数が減るということは外国企業との

米国特許取得ランキングと利益率（2013年）

順位	企業名	国籍	特許取得数 米国特許商標庁データ	株式資本利益率（ROE） トムソン・ワン・バンカー調べ
1	IBM	米国	6809	79．1　％
2	サムスン電子	韓国	4676	18．8（2012）
3	キヤノン	日本	3825	8．7（2012）
4	ソニー	日本	3098	2．0
5	マイクロソフト	米国	2660	30．1
6	パナソニック	日本	2601	－47．2
7	東芝	日本	2416	8．2
8	鴻海精密工業	台湾	2279	15．5（2012）
9	クアルコム	米国	2103	19．7
10	LG電子	韓国	1947	0．5（2012）

自由民主党日本経済再生本部「日本再生ビジョン」2014.05.23

競争力に差がついてしまうことだから、出願数は増やすべきだ」という意見があります。

減ってしまうことをよしとするわけではありませんが、「特許出願数を増やせば、競争力がつく」という考え方には賛成できません。

電気、電子、機械、メカトロニクス、化学、バイオ、医薬などいろいろな業界やさまざまな技術分野によって事情が異なるので断定はできませんが、長らく世界一の特許出願数を誇っていた日本は、果たして競争力でも世界一だったでしょうか？

相対性理論のアインシュタインの言葉に、「同じことを繰り返しながら、違う結果を望むこと、それを狂気という」というものがあります（「アインシュタインの言葉ではない」という説もありますが）。

まさにその通りではないでしょうか。

なぜ、あれほどたくさんの特許を出願してきた日本企業がビジネスで勝てなくなってしまったのか？　その理由を検証しないまま、同じように特許出願数だけ増やしたとしても、いい結果が出るとは到底思えません。

前頁の表は、米国での取得特許数ベスト10の企業の株主資本利益率です。２０１２年、２０１３年のデータが混在していますが、それぞれの企業の実態を表したものといっていいと思います。

株主資本利益率とは、株主資本（＝資本金など）を使ってどれだけの利益をあげたのかを示す指標のこと。簡単に言うと、元手と儲けの割合のこと。たとえば、１００万円の元手で10万円儲けたなら10％、50万円儲けたなら50％ということになります。

ベスト10の中に、名立たる日本企業が４社入っています。特許取得数では負けていませんが、その実、大事な株主資本利益率では、外国企業と比較して、完敗に近い状態です。

細かく見てみましょう。取得数トップのＩＢＭは、利益率も８割近くでトップです。日本企業の中で1位の取得数で全体３位のキヤノンは、２０１２年の数字ですがその利益率は１割に届かず、２位のサムスン電子の半分以下に甘んじています。

４位であるソニーは、５位のマイクロソフトより16％以上も多い取得数なのですが、逆に利益率は15分の1でしかありません。

パナソニックにいたっては、大きくマイナスになっています。覚えていらっしゃる方も少なくないと思いますが、この時期のパナソニックはプラズマテレビへの巨額投資や三洋電機の買収が足かせになり、2期連続で大赤字を出していました。

さらに、7位の東芝は8位の鴻海と同じくらいの取得数ですが、利益率は鴻海の約半分です。この時期、東芝は不正会計処理を行っていたことが明らかになっており、実際の数字は目も当てられないものに違いありません。

およそ利益率なるものは、企業経営における様々な要因が複雑に絡み合った結果であって、特許取得数だけで単純に言い表せるものではありません。

が、これだけは言えるのではないでしょうか。

「特許をたくさんもっていれば儲かる」という考えは、疑ってかからなければならない、と。

もう1つ、「なぜ、日本は海外よりも特許をたくさんもっているにもかかわらず、儲かっていないのか」という疑問は、それに対する答えだけでもう1冊、本が書けてしまうかもしれませんので、ここでは省くことにしましょう。

ただ、ひとこと付け加えるなら、特許を取るにしろ取らないにしろ、利益を得るためには、司法（裁判所）との関係が重要だと思っています。詳しくは、後の章でお伝えしますね。

年度末の道路工事数と特許出願数の関係

もう1つ、ある興味深いデータがあります。左のグラフは、特許庁の『特許情報プラットフォーム』から得たデータを元に、私が作成した特許出願の状況を示したものです。

このグラフは、１９９５年、２０００年、２００５年の5年ごとと、２０１０年から２０１５年までの各年（２０１５年は2月まで）の月別の特許出願数を示しています。

毎年ほぼ同じパターンで出願件数が上下していますね。休日が多い1月、5月、8月に出願件数が少ないのも、なんとなく納得できる現象です。

一方で、9月は目立って多く、3月にいたっては一番少ない1月に比べて倍近い多さになっています。たまたまではなく、毎年です。バブル崩壊後の「失われた20年」と言われて久しいですが、どの年もほぼ同じパターンで上下動しています。

みなさんは、この現象をどのように分析しますか？

私はこの質問をあちらこちらの講義やセミナーでしています。返ってくる答えは、決まって翌年の予算を確保するための「知財予算の消化」です。確かめたわけではありませんが、その答えは説得力がありそうです。

たとえ一部であっても、予算消化のためだけの特許出願があり、それらが世界中に公開され、日本の大切なアイデア流出の片棒を担いでいるのだとすれば、これはとんでもないことです。

企業の経営者は、特許出願や特許取得の数だけを評価するのではなく、年度末の道路工事のような予算消化が行われていないかを早急に点検すべきです。

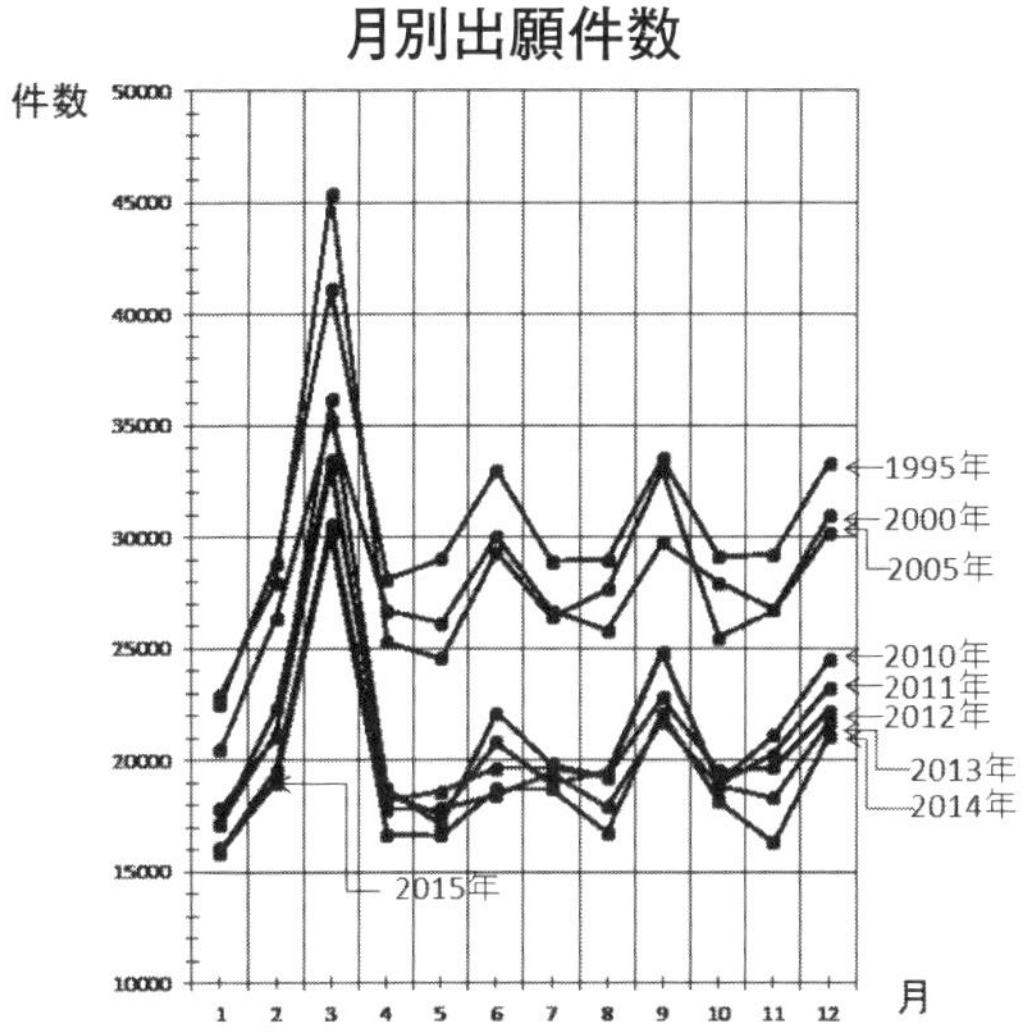

月別出願件数

独立行政法人　工業所有権情報・研修館
『特許情報プラットフォーム』のデータから筆者作成
2015年3月以降のデータは未公開（2016年10月9日現在）

私は縁あって東京農工大学で学び、還暦を迎える年に博士号をもらうことができました。博士論文を書くために、ある研究機関のことを調べました。

そこでは国の予算から補助される資金で企業と一緒に研究を行い、その成果を学者や専門家が評価する仕組みがつくられています。その評価の中には研究成果に対する知財（主に特許出願）に関係するものも含まれます。

「〇〇件の特許が出願されているので、

おおむね良好」などというように、特許出願の件数が評価の対象とされていました。もちろん、多いほど「良好」とみなされます。

ゆえに、企業は特許をできるだけ多く出そうとするのです。

そのような研究グループに実際に参加していた企業人に聞いたことがあります。その人は「特許出願が技術の流出になることはわかっている。でも、次に参加するときのことや社内評価を考えると、国が関係するところから悪い評価をもらうわけにはいかない。だから特許出願する」のだと言っていました。

日本国民が納めた税金を投入して研究を行わせ（ここまではいい）、その成果を特許出願という形で全世界に流出させることを国が推奨している。

納税者であるみなさんはどう思いますか？

パナソニックも陥ったノルマ出願の愚

日本経済新聞２０１５年1月5日付朝刊の記事の一部を紹介しましょう。

「特許をたくさん持っているだけでは競合相手と戦えないことがよく分かった」

「『この職場で50件』などと決めて特許を取っても、使えるのは1、2件ということもあった」

これは、パナソニックの豊田秀夫・知的財産センター所長（当時）の話です。前述の通り、大赤字を出した２０１３年、パナソニックは、「日本国内で最も特許出願をした企業」に輝いています。なんと、不毛な努力であったことでしょう。記事はこう続きます。

「取得数が多いのは技術者に対する発明奨励のため、積極的に出願させてきたことが一因だ。その結果、取得数がノルマ化し、実際に活用できる特許は限られていた。特許の取得や維持のコストもかさむ」

記事では触れられていませんが、こういったノルマ出願を何年も何年も続けてきたわけです。いや、パナソニックだけではなく、他の企業、特に大量出願する大企業はこれと同じようなことをしてきたといえます。今もまだ続けている企業も多いことでしょう。

そんな理由で出された特許出願の中には、日本の企業では使えないアイデアでも、海の向こうの大国や途上国にとってはおいしいアイデアがたくさんあったのでしょうね。

そのおいしいアイデアが外国企業の栄養となり、巡り巡って日本企業の首を絞めているのが現状というわけです。

冒頭で説明した通り、日本の年間特許出願数は約33万件。そのうちの４分の１ぐらいがめでたく特許取得となります。

そうした特許のうち、期間満了（特許出願日から20年）や放棄などによって消滅せずに現在も生きているものは２００万件くらいと思いますが、そのうち７割近くが特許は取ったもののビジネスに使えない「休眠特許」だと言われています。

休眠特許はいわば不良在庫です。経営者のみなさんに考えていただきたいのは、お金をかけて作った製品の７割が倉庫の肥やしになっていることを見逃していていいのかということです。いいはずがありません。

しかし、そうなってしまっている特許が多いという背景には「特許は目に見えないし、場所も取らない」、おまけに「担当者任せでよくわからない」ということがあるのではないでしょうか？

現実として、不良在庫はもっているだけでも税金や維持費がかかります。「不良在庫を活用して新たなビジネスを起こす」という試みもありますが、うまくいった例を見つけるのはひと苦労です。

「休眠特許の活用」なるものを朝礼で宣言し、社員に発破をかけたとしても、そんなものは意味をなしません。

特許ではなく、商品として考えれば、「不良在庫は出さないのが一番」ということがすぐにわかるはずです。

無駄な特許出願をしないこと。そのためには担当者だけでなく経営者が知財コミュニケーション力をつけておくことが最善の方法なのです。

特許出願は社員教育に効果的？

このように特許出願がリスクを伴うものであるにもかかわらず、それを社員教育に活用している企業もあります。

特許を出願した場合、特許庁が似たような先行アイデアがないか審査し、あった場合は、先行アイデアとの違いを明確にするため、出願アイデアの説明や表現の仕方を修正し、あわせて、両アイデアの違いについて説明を行わなければなりません。こうした作業が「社員教育に適している」というのです。

自分のアイデアの表現を修正したり、先行アイデアとの違いを説明したりすることを経験すれば、両アイデアを客観的に正確に把握し、相違点を主張するアピール力が養われます。特許出願を社員研修に導入している企業は、こうした作業を経験させることにより、アイデアに関わる社員の力量を総合的に育てられると考えているようです。

当然、私はそのような考えには賛成できません。

社員教育を目的とすることは否定しませんが、そのために払う犠牲も少なくないはずです。

アイデアをパクった第三者が知らない間にビジネスを食い荒らしているかもしれません。この社員教育は、日本の海外競争力を損なうかもしれないリスクを背負ってまで、やる意味のあるものでしょうか？

もし「どうしても特許出願を社員教育に使いたい」というのであれば、「出願の取り下げ」を前提としてほしいと思います。

出願したアイデアがインターネット上で公開されるのは、出願から1年半経ってから。出願とともに「早期審査請求」というものを出すと、特許庁は出願からほぼ1年以内に審査を終えてくれます。

特許庁から1年以内に「特許を認めてもよい」という通知がきたら、そのアイデアが本当に特許を取る必要があるのか、今一度、慎重に検討する。特許の必要はないと判断したときは、出願を取り下げることを特許庁に伝えます。

取り下げるのですから、当然、特許はもらえませんが、アイデアが無駄に海外に流出することを防ぐことができます。

特許出願の目的が社員教育であるのなら、特許をもらわなくとも、ここまでの過程で十分、目的は果たせていると思うのです。

特許出願を見極める3つのポイント

ここまで読んできて、「そもそも、特許出願なんてしないほうがいいのでは？」と思われた方も多いのではないでしょうか。

それは正しい認識ではありません。出願をしたほうがいい場合もたくさんあります。

特許出願をするかしないか、その判断には３つのポイントがあります。

ポイント1　その特許が現在または将来の自分のビジネスに役立つかどうか。
ポイント2　自分のアイデアをもとに作られた製品を見ただけで、他者がそのアイデアを真似できるかどうか。
ポイント3　自分のアイデアをパクった者が現れたとき、裁判で戦う覚悟と勇気と費用があるかどうか。

「ポイント１　その特許が現在または将来の自分のビジネスに役立つかどうか」から考えていきましょう。

自分の現在、または将来のビジネスにおいて、そのアイデアが本当に必要かどうかをよく考えます。まったく関係がないのなら出願をするメリットはありません。

「この技術はいつか使うかもしれない」という期待が胸をかすめたとしても、今使う必要のない技術、使うための目的が見えない技術を必要とする日が訪れる確率はいったいどれだけあるでしょうか？

投資家の心得として、「見切り千両」という言葉があります。買った株が値下がりしたときに、未練を残さず損を覚悟で思い切って売ってしまうことです。「損には違いないが、手元に置いておいて大損につながってしまうよりも、多少の損で売り抜けるほうが千金の価値があろう」と考えることです。

特許においても、そのアイデアを今すぐ使おうと思わないのなら、「誰かが同じことを考えて使い始めたら損した気になるかもしれないが、それはそれでいい」という見切りが必要だと思うのです。

「俺が考えていたアイデアを第三者に製品化されてしまった。先に、特許を取っておけばよかった」

こんな言葉をたまに耳にします。

でも、そのアイデアが特許を取れるようなものであったかどうかは、まったくわかりません。

「俺のアイデアが使われている」と思っても、傍から見るとまるで別のアイデアという可能性もあります。

「俺のアイデアを誰かに使わせて、お金をもらえるようにしたい」と、希望される方もいます。

「ライセンス」というもので、たしかにこれもビジネスの1つです。

しかし、私の経験上「お金を払うから、あなたのアイデアを使わせてほしい」と、頭を下げてくる企業はまったくゼロ、とまでは言いませんが、ほとんどありません。

ライセンスでお金を儲けたいのなら、アイデアの売り込み先を自分自身の足で見つけ、タフに交渉して契約にこぎつけ、さらに、踏み倒されないように注意しながら、ライセンス料を回収するまでをすべて、自分自身でやらなければなりません。

そこまでできて、初めてライセンスのビジネスが成り立つのです。


「ポイント2　自分のアイデアをもとに作られた製品を見ただけで、他者がそのアイデアを真似できるかどうか」

これは「あなたが特許をとったアイデアをもとに作られた製品と類似する他社製品を見つけたとき、あなたはその他社製品があなたのアイデアを真似しているかどうか見分けることができますか?」と言い換えることができます。

見分けられるのであれば、特許があることを理由に相手に文句を言えますが、見分けられないなら特許はほとんど使い物になりません。

たとえば、ペットボトルに蛇腹のような凸凹をつけ、「滑り止め」と「つぶれ止め」にするアイデアをつくったとします。

このアイデアは特許出願すべきでしょう。外観を見ただけでアイデアが読み取れるし、真似も簡単そうだからです。他社製品を見れば、他社があなたのアイデアを真似していることが簡単にわかります。

では、何万本ものペットボトルを短時間のうちに製造する画期的なアイデアについてはどうでしょう?

ペットボトルを見ただけでは、その方法で製造されたかどうか識別することは不可能です。他社がアイデアを真似しているかどうかは、その工場に入っていって実際に作業を見てみなければわかりません。実際にはこんなことできませんよね。

この場合は、特許出願しないで秘密にしておくほうがいいかもしれません。

「ポイント3　自分のアイデアをパクった者が現れたとき、裁判で戦う覚悟と勇気と費用があるかどうか」は、後の章で詳しく述べますが、特許に絡む裁判は想像以上にお金と時間と労力と精神的負担がかかります。

そして、特許を出願するということは「裁判に発展する可能性を同時に得る」ということでもあります。

だからこそ、出願する前に今一度考えてほしいのです。そのアイデアは果たして、いざというときには裁判を起こしてまで守るべきものなのか。裁判を起こしたことに見合うお金を相手から取ることができるのか。勝てるとは限らない裁判のため、莫大な費用と時間をかけ、精神的負担にも耐えられるのか。

特許が認められた途端に、蜘蛛の子を散らすようにライバル企業が遠ざかってくれるわけではありません。

同じ特許でも、人によって違ったものに見えることはよくあります。自分のアイデアを本気で守りたいなら、ときには力技も必要です。相手にだって言い分はあるし、負ければ多額のお金を取られるとなれば、必死に抵抗してくるでしょう。

「そんな大変な裁判なんてまっぴら」と思うなら、特許出願は大切なアイデアを流出させるだけで、まさに絵に描いた餅になりかねません。

私がコンサルティングしたある中堅企業A社の話です。ある日、

「我が社が特許を取ったアイデアをB社に真似されたが、どうしたらよいか？」

と、相談されました。

詳細を聞いてみると、たしかにB社が製造販売する製品は、A社が特許をもっているアイデアとそっくりのように思えました。すでにA社はB社に対し、2~3回電話で、「製造販売をやめるように、やめないのなら使用料を払うように」と、申し入れたといいます。

しかし、B社はそれを無視し、一向にやめる気配がないとのことでした。もちろん使用料の支払いもなしです。

かつて、写真週刊誌に掲載された記事をめぐり、ある人気芸人が編集部に殴り込むという事件が起きましたが、これと同じように、血の気の多い若い衆を連れ、B社に殴り込んでいくわけにはいきません。法治国家である日本では、裁判所の力を借りない自力救済は認められません。自分が犯罪者になってしまいます。

そこで私が、

「まずは抗議文を送り、それでも使用をやめてもらえなかったら、裁判するしかありません」

と言うと、

「いや、裁判する金はない」

との回答でした。

いったい何のための特許なのでしょうか。しかも、A社はこのアイデアで特許を取ったものの、実際のビジネスにはほとんど活用していなかったのです。

使っていないアイデアで特許を取る。その結果、真似されたが、本気でやめさせようとは思わない。

この特許は果たして取るべき特許であったのか？　みなさんはどう思いますか？

特許を取る「目的」は何ですか？

私は「特許を取りたい」という相談者にいつもこう質問します。

「あなたは何で特許を出願するのですか？」

すると、相談者はこう答えます。

「他人に特許を取られてしまうからです」

さらに私は続けます。

「どうして、他人に特許を取られると困るのですか？」

「えっ⁉」

たいていはそう言ったきり、明確な答えはありません。

思うに、相談者は「特許を取ること」が目的になっていて、それだけしか目に入らなくなっているのです。

だから、その目的のための道具が「特許出願」になってしまうのです。


コンサルティングにおける有名な話があります。

オフィスビルに3基のエレベーターがついていました。そのビルは20階建てなので、上層階に上がろうとするほとんどの人がエレベーターを使います。出退勤時や昼休みなど、エレベーター待ちの行列ができてしまいます。

あるとき、テナントからビルの管理マネジャーに苦情が寄せられました。それは「エレベーターになかなか乗れないので、社員がイライラしてしまう。なんとかしてほしい」というものでした。

管理マネジャーはこの苦情の対処についてコンサルタントAに相談しました。

コンサルタントAは、エレベーターの利用時間帯、利用者の構成、エレベーターの運転状況、オフィスビルのオーナーの財務状況、ビルの構造や使えるスペースがあるかないかなど、ありとあらゆることを2カ月かけて検討しました。

その結果、コンサルタントAが出した提案は、予算2億円でエレベーターを1基増設するというものでした。

管理マネジャーはコンサルタントBにも相談しました。コンサルタントBが行ったことは、丸1日、エレベーターを待っている利用者の様子をじっと観察することでした。

そして出した回答は「利用者がエレベーターを待っているスペースに大きな鏡を置く」というものでした。

というのも、テナントの社員はじめエレベーターの利用者がイライラするのは、エレベーターになかなか乗れないからではなく、待っている間に何もすることがないからだと気づいたからです。

エレベーターの横に鏡を置けば、待っている間、そこに映る自分の姿を見たり、身だしなみを整えたりして時間をつぶせます。それにより、イライラも解消できるとしたのです。

大きな鏡の設置費用は200万円。

コンサルタントA、コンサルタントB、どちらの提案を管理マネジャーが受け入れたか、考えるまでもありませんね。そして200万円で、この問題はスッキリ解決したのです。

さあ、この事例から、考えてみましょう。

テナント側が苦情を出した「目的」はなんでしょう？　一刻も早く上の階に行くことでしょうか？　それも多少はあったかもしれませんが、「社員のイライラを解消したい」が第一でした。

「待っている間、イライラせずになるべく快適に時間を過ごしたい」、この目的を取り違えると、そこに到達するための道具がまるっきり違ったものになってしまうことがおわかりいただけたと思います。

コンサルタントAの道具は2億円のエレベーター、コンサルタントBの道具は200万円の鏡でした。

私たちは何か物事に対処するとき、その中身をしっかり吟味せず、独りよがりな発想や思い込みで、解決しようとしがちです。

自分が目的としているものを正しくとらえておかなければ、適切な道具など手に入れようがありません。この事例はそれを私たちに教えてくれているのです。

この本を手にしているみなさんの中には、今まさに「特許を出願しよう」と検討されている方もいることと思います。

先に述べた「特許出願を見極める3つのポイント」に加え、もっとも大事なことが「特許を取りたい理由」です。

「特許があれば、守られるから」がすでに理由にならないことがわかった今、特許を出願する前に、特許を出願する理由が本当にあるのか、特許を取得する「目的」はいったいなんなのかを、今一度、考え直してみてほしいと思います。

特許は「アイデアを使ったビジネスを守るため」に取るものです。ビジネスを守れない特許は意味がありません。ビジネスに関係のないアイデアを守っても意味がないばかりか、まわりまわって自分やこの国の首を絞めることになりかねないのです。

第2章

アイデアは「見せない、出さない、話さない」

秘密にするのはセコイこと？

特許についての理解が深まったところで、より重要である「アイデア」についてお話ししましょう。

アイデアのないところに、知財はなく、特許もありません。いかに、いいアイデアに特許という防護服を着せ、いい知財として活用するか。それが「ビジネスで勝ち抜いていく策」といってても差し支えないでしょう。

アイデアにも「いいアイデア」と「悪いアイデア」があります。

恐ろしいのは、「いいアイデア」も一瞬で「悪いアイデア」「使えないアイデア」に変貌してしまうことです。

この章では、そんな悲しいことにならないためのお話をしたいと思います。キーワードは「見せない、出さない、話さない」です。

私たち日本人は古代から、みなで協力し合って米を作り、漁をし、日々の糧を得てきたという文化があるせいか、「いい」と思うことは人にも教え、共有したがる傾向があります。

私は日本人のこの性質が大好きですが、ことアイデアに関しては「見せない、出さない、話さない」を原則として守り切ることが肝心です。

この点で「誤解が多いな」といつも思うことは、「教えない」ことは「ひとり占め」、「ひとり占め」は「セコイこと」という考え方です。

いいアイデアは一朝一夕に生まれるものではありません。これを自分のために活用してお金を儲けることは、決してセコイことではありません。当然の報酬です。セコイのは、人のアイデアを勝手にパクる人です。

アイデアを上手に活用してお金が儲かったら、その一部を新たなアイデアづくりに投資すればいいのです。そうして新たなアイデアをつくり出し、それを使って、もっと大きくお金を儲ける。儲かったら、より一層大きな投資をする。

このアイデアによるお金儲けと投資の繰り返しの延長線上には、社会貢献があります。自分のためだけにお金儲けをしているようで、その実、社会貢献につながっていくのです。セコイどころか、カッコいいではありませんか。

「発明」と「発見」の違い

ここで問題です。「発明」と「発見」の違いは何でしょう?

リンゴが樹から落ちるのを見て、ニュートンが万有引力の法則を発見した、というエピソードは有名です。でも、リンゴが樹から落ちることは、ニュートンの発見後に始まったことではなく、彼が生まれるずっとずっと前から、リンゴは樹から落ちていたはずです。ニュートンの発見前にはなく、発見後に出てきたものは、「万有引力の法則」という名前ぐらいなものです。

このように「発見」とは、「もともと世の中にあったが、誰も知らなかったもの」をあるタイミングで見つけ出してくれることをいいます。

では、「発明」とは何でしょう?

2014年のノーベル物理学賞の対象となったのは、青い光を放つ「青色発光ダイオード(LED)」でした。赤﨑勇名城大学終身教授、天野浩名古屋大学教授、中村修二米カリフォルニア大学サンタバーバラ校教授の3人のそれぞれの発明によるものです。

それまでは赤と緑だけだったところに青ができたことで、「光の三原色」が揃いました。3色を混ぜれば白になりますし、色の配分を変えれば、さまざまな色を作り出すことができます。

私たちが毎日目にする信号機や従来のＤＶＤより大容量のブルーレイ・ディスクへのデータ書き込み、さらにウィンブルドンでの錦織圭選手のプレーを再現してくれる巨大スクリーンなど、今、私たちの身のまわりはこの偉大なる発明の成果にあふれています。

3氏によって発明される前は、青色発光ダイオードはこの世のどこにもありませんでした。3氏それぞれが自分で作り出し、あるタイミングで世の中に出してくれたのです。

「彼らの発明は革命的なものである。白熱電球は20世紀を灯してきたが、21世紀はＬＥＤランプによって灯されていくだろう」と、ノーベル賞ホームページに記されています。日本人として誇らしい限りですね。

前述したように、発見と発明はどちらも「あるタイミングで、世の中に何かを出してくれる」という点では共通していますが、そのタイミングより前に、そのもの自体があったのか、なかったのか、という点で大きく異なるのです。前からあったものなら「発見」で、なかったものなら「発明」です。「発見」は最初に見つけるから価値が認められるのです。

最初の発見のことを何も知らないで、同じものをまったく別のところで見つけたとしても、2番目のものは「発見」として扱われません。ニュートンの発見の後に「ミカンが樹から落ちるのは万有引力のせいだ」などと言い出しても、誰も相手にしてくれません。

発明もこの点は同じです。誰のものも参考にせず、自分だけで考えたものだとしても、それが二番煎じであった場合、その発明には誰も価値を認めてくれません。

信号機に青色発光ダイオードが使われていることを本当に知らなかった人が青色発光ダイオードを後追い的に発明したとしても、この後追いの発明は誰も価値を認めてくれないのです。

前章で少し触れましたが、特許出願したアイデアと同じ、または似ている先行アイデアがないかどうか特許庁が調べ、似ているものがあった場合は特許を認めないのはこの理屈に沿っています。先行アイデアは特許庁に出願されたものに限りません。市場にあるもの、ホームページや刊行物など、調べられる限り調査されることになります。

そして、似ている先行アイデアがあったものは「新規性のないアイデア」と呼ばれます。

アイデアは、人に見せた瞬間に腐る

タネをあかしてしまうユニークなマジックで人気のマギー司郎さんと、弟子のマギー審司さんの共著『マギー司郎とマギー審司のおもしろマギー・マジック25』（海竜社）には、「マジシャン五カ条」と「マギー一門五カ条」なるものが書かれています。

「マジシャン五カ条」は正統派マジシャンに向けたもので、その1つは「タネあかしはしない」という、なるほどプロなら当然ともいえるものです。

一方、「マギー一門五カ条」のほうはどうかというと、「お客さんにタネがわかる手品をする」「喜んでもらえるなら、タネあかしをする」となっています。オチがわかっていても笑ってしまうマギー一門のマジックは、本来ならありえないやり方で成り立っているのですね。マジックのタネは、まさに「お金を儲けるために、人間が考えたアイデア」です。マジックの場合、マギーさんたちのようにタネを見せてお金にするやり方もありますが、ビジネスのアイデアは、他人に見せた、話した瞬間に「新規性」を失います。

これは本当にあった話です。

まるごとのイチゴの芯の部分をくりぬいてアイスクリームを詰め、そのまま凍らせたイチゴ菓子でA社は特許を取りました。

その後、大手の菓子メーカーB社が、類似品の「アイスクリーム入りイチゴ」の販売を始めました。類似品の販売をやめさせようと思ったA社はB社を相手に裁判を起こしましたが、あっさりと負けてしまいました。

なぜか？　B社が探し出してきた『全日空フレッシュギフト』のカタログに、A社の特許である「アイスクリーム入りイチゴ」が掲載されていたのです。そのカタログは、特許の出願日（2001年6月6日）より8年も前の1993年に出されていたものでした。

これにより、A社の発明はもともと「新規性のない発明」とみなされ、「特許は無効」とされました。B社は大手をふって「アイスクリーム入りイチゴ」を販売できることになったのです。

どんなに素晴らしいアイデアでも、特許を取る前に他人の知るところになっていたら、それは特許を与えるに値しない。実際、特許を取得できたとしても、この例のように後からでも「無効」とされてしまうのです。

想像ですが、裁判をしようと決めたのはA社の社長さんだと思います。おそらく、A社の社長さんは、

「特許さえもっていれば、絶対に勝てると信じて疑わなかった」

「特許が『無効』とされる場合があることをまったく知らなかった」

「自社の商品をより多く売るためのカタログ掲載が自分たちの首を絞めることになるとは思ってもみなかった」

……というところではないでしょうか。

そもそも、自分たちでカタログに出してしまったアイデアを、8年も経ってからなぜ特許出願しようと思ったのか。知財コミュニケーション力をもたなかったがゆえの、こんな悲劇は今もあちこちで起きています。

鮮度の落ちたサンマがおいしくないように、新規性を失ったアイデアは競争相手を増やすだ

けでちっともおいしいビジネスにつながりません。特に、技術や発明のアイデアは新規性を失った途端、腐敗が始まるのです。

タクシーでの会話にご注意を

タクシーに乗るとき、あなたは誰と一緒のことが一番多いでしょう？　家族ですか？　恋人？　それとも会社の同僚ですか？

そのとき、どんなことを話しますか？　楽しい話もあるでしょうが、たまにはつらい話もするかもしれません。

同僚と乗ることが多い人は、進行中のプロジェクトや開発商品のことなど、ついさっきまで会議室でしていた話の続きをしていたりはしませんか？

38年前、24歳の私はタクシードライバーをしていました。タクシードライバーになろうと思ったきっかけは、経験のない私でもしっかり働けば、まとまったお金が稼げるから。「放浪しながら世界一周」という夢を果たすため、その資金を短期間で貯めようと一念発起したのです。

あれは冷たい雨の日でした。東京駅近くの丸の内のオフィス街で乗ってきた男性３人連れ。背広とネクタイ姿から、ひと目でサラリーマンとわかりました。30代後半とお見受けした、助手席に乗ってきた人は「A課長」と呼ばれ、後部座席の年配2人を「B部長」「C専務」と呼んでいました。

襟元に光る社章から、3人がD社の社員であり、乗車する前にとても重要な案件の打ち合わせをしていたことがうかがわれました。

「E社はこの話に乗ってきますかねぇ?」

「F常務は乗り気のようだったが……」

「E社から、G技術を導入できれば、H社とのシェア争いに勝てる。負けられん勝負だなぁ」

3人は興奮さめやらぬ様子で話し続けていました。どうやら開発部門の話のようです。3人の口から出たE社もH社も、私でさえも知っているような有名企業でした。F常務もインターネットなどない38年前では調べようもありませんでしたが、おそらく実名だったでしょう。

こんなことがしょっちゅうありました。

今もそうではないかと思うのですが、タクシーに乗った人はどうもそこが外界から完全にシャットアウトされた自分たちだけの空間のように思ってしまうようです。

たまたま通りかかり、同じ空間で同じ空気を吸うことになったドライバー。ドライバーであることの他に何も知らないその人も、耳をもつ1人の生身の人間です。

ドライバーは単なる運転マシーンだと思っていませんか? だから、車内を「自分たちだけの空間」と錯覚し、社外の人に決して聞かせてはいけないようなことまで平気で話してしまうのではないでしょうか。

もちろん、ドライバーは乗務中に知ったお客様の話の内容などを口外することはありません。昔も今も厳しい社内ルールで禁じられているからです。

しかし最近では、ドライブレコーダー搭載のタクシーも多いようです。交通事故やタクシー強盗などの事件が起きない限り、チェックされることはほとんどないようですが、みなさんの声が画像とともに残されていることは事実です。

今後、タクシーに乗られたときは、話す内容に注意することをおすすめします。

さて、この3人の会社員の話はタクシーの中だったから、まだよかったのです。たとえば、どこかの居酒屋だったらどうでしょう。隣のテーブルでビールを飲んでいるサラリーマンはもしかしたらライバルH社の社員かもしれないのです。なんとしてでも導入したい「E社のG技術」のことだって、聞く人が聞けばなんのことかわかります。この件がH社に伝われば、D社は一気に不利になるかもしれません。

お酒が入ると気持ちがゆるみ、社外秘に対する意識が希薄になります。にぎやかなところではつい声も大きくなるでしょう。興味があるわけではないけれど、隣席から聞こえてくる話が記憶に残った経験は誰でもあるのではないでしょうか。

秘密にしなければならないことは、絶対に話してはいけません。「見せない、出さない、話さない」です。

開発中のものや完成したものについて、たくさんの人がいる場所でペラペラ話してしまうと、それまで有望だった発明も一気に「新規性のない発明」となってしまいます。

開発者にとってはすでに新規性のない発明も、ライバル会社にとってはおいしいアイデアです。早速、真似されるでしょう。うっかりライバル社を喜ばせることのないようお気を付けください。

敵は身内にあり？

もうひとつ。これは私がコンサルティングした九州の会社の話です。

技術を担当する中間管理職のAさんが相談を持ち掛けてきました。

「発明は新規性がとても大事であることはわかっています。心配なのは営業担当者の『口』です。営業は商品を売るためにライバルとの違いを説明しようとする。そのため、大事な製造技術までセールストークに使ってしまうんです」

それを阻止するため、Aさんは「新しい発明や技術のことは営業には詳しく説明しないことにしている」と言いました。敵をだますには、まず味方から。私は、

「それも仕方ありませんね。技術をよそで話されてしまうよりずっとましです」

と、応じました。Aさんの話はまだ続きます。

「でもねえ、一番始末が悪いのは会長と社長なのですよ……」

どういうことかというと、会長や社長は営業担当者と同じようにだますわけにはいかない。開発のゴーサインをもらうときも、成果が出たときも、会長や社長にはていねいに説明しなければならない。そうすると困ったことが起きるというのです。

「会長や社長は同業者などが集まる講演会などに呼ばれて、よく話をするのですが、そのとき、新しい発明の話を披露してしまうのです」

なんということでしょう。「同業者はそれを期待して、会長や社長をおだてて話をさせているのではないか？」とさえ、私は思いました。

このようなことは、会社にとって深刻な問題です。話しても一銭の得にもならないばかりか、多大なる損失につながる可能性が高いにもかかわらず、つい話してしまう。聞いている人の「ホー」「すごい」「さすがですね」という顔を見たいばかりに、すごい会社だと思わせて自分がいい気持ちになりたいばかりに……。

身に覚えのある全国の会長さんや社長さんに、私は声を大にして言いたい。「あなたの大切な会社の競争力を一番消耗させているのはあなたです！」と。

特許法に定められた「新規性のないアイデア」とは？

特許を取るためのルールは「特許法」という法律で定められています。日本の特許法は、明治18年（1885）につくられた「専売特許条例」から始まります。その当時から「新規性のないアイデアは、特許を認めない」と規定されていました。

では、特許法にいう「新規性のないアイデア」とは、具体的にはどのようなものでしょうか？

①　誰かが他人に話してしまったアイデア
②　誰かが他人に見せてしまったアイデア
③　誰かが刊行物やインターネットなどに公開してしまったアイデア

この3つのうちどれか1つでも該当するアイデアは「新規性のないアイデア」とされます。「誰かが」には、自分も他人も含まれます。

したがって、自分が他人に話すなどしたアイデア、他人が別の他人に話すなどしたアイデアは、いずれも「新規性のないアイデア」です。

新規性があるかないかは、特許出願の「時」によって判断されます。「時」ですので「日」ではありません。何時何分何秒まで見なければならないくらい厳格にルール化されています。だから、午前中に特許出願を済ませ、午後にインターネットで発表した発明は「白」。インターネット発表を理由に「新規性のない発明」とはされません。

逆に、ある日の午後に特許出願したが、その日の午前中に「最終確認」として発明品を路上で試していたところ、知らない人に写真を撮られ、SNSなどにアップされてしまった発明は大変不幸なことですが、「黒」です。

大抵は本人自ら、堂々とSNSなどで公開してしまっているパターンが多いのですが……。

「傷モノ特許」のしっぺ返し

特許出願は特許庁の審査官が審査するわけですが、発明のことを誰に話そうが見せようが、

「そのことを審査官がどうしてわかるのか？」というご質問をよくいただきます。

たしかに、他人に見せた、話した事実が見過ごされ、特許が与えられることはあります。特許庁の審査官も人間ですから、世界で起きているすべてのことを調べることはできません。

「それなら、うっかり話してしまっても大丈夫なのでは？」と、思いますか？　そんなに甘いものではありません。

「新規性のないアイデア」に与えられた特許は、本来与えられてはいけない「傷モノ特許」です。その傷があることが第三者に証明されると、その特許は「なかったもの」とされてしまうのです。これを「特許の無効」といいます。

どんな第三者が、どんなときに、わざわざ「傷モノ特許」の証拠を探し出してくると思いますか？　前述した「アイスクリーム入りイチゴ」の例を思い出してください。

そう、その特許に絡む裁判のときです。

「この裁判に負けたら、多額の損害賠償金をとられてしまう！」というとき、相手はそれこそ重箱の隅をつつくように、ありとあらゆる証拠を探します。自分たちに有利な証言をしてくれる証人を一生懸命、探します。

そして、そんなとき、あなた自身も夢にも思わなかった過去の「傷」が明るみになり、取り返しのつかない致命傷となってしまうのです。「傷モノ特許」のしっぺ返しです。

実用新案の付箋紙束

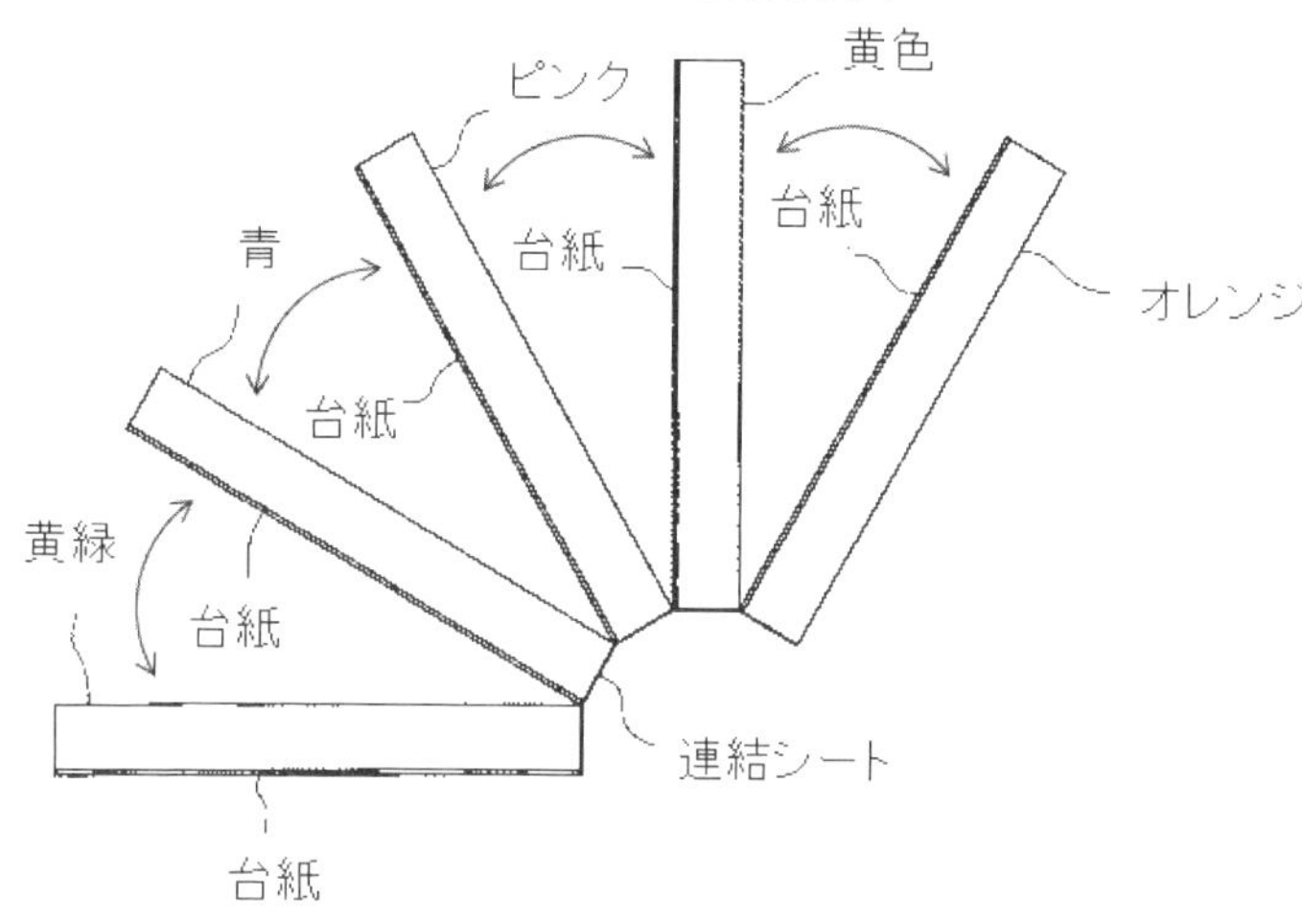

実用新案登録第3139191号公報から引用

「特許を出願する前に、新規性について注意していれば……」、そんな後悔は後の祭り。大切な特許は、一瞬にして特許でなくなってしまうのです。

カギは「秘密を守る約束」

今では当たり前のように使われるようになった付箋。

ある文具メーカーA社は、黄緑、青、ピンク、黄色、オレンジの付箋紙束の端を連結シートでつなぎ、扇子のように開いたり閉じたりできる方法を考えつき、「実用新案V」を取りました（上図参照）。

ところが、「A社の実用新案Vは無効だ」

というクレームが「個人B氏」から出てきたのです。

なぜ無効かというと、「実用新案V」の出願日より前に、A社が実用新案Vを使った付箋をC社に発注し、納品してもらっていたということ。そのとき「A社とC社の間では『秘密を守る約束』がなされていなかった。ゆえに、実用新案Vの登録は認められない」という主張でした。


アイデアを守るための原則は「見せない、出さない、話さない」。けれども、そのアイデアを使った商品を製造してもらう場合、アイデアを説明しなくては成り立ちません。

そこで「守秘義務」という言葉が登場します。

A社はC社に実用新案Vをそっくり教えますが、「このことは秘密にしてくださいね」と言って、「わかりました」という返事をもらうことが必要です。

口約束でも、A社とC社の間には「秘密を守る約束」が交わされたことになり、「新規性は守られた」ことになります。とはいえ、契約書を交わしておくことを強くおすすめします。万が一、後で裁判に発展したときなど、約束があったことを証明しやすいため、さらに安心だからです。

弁護士や私のような弁理士が特許のご相談に乗れるのも、そもそも法律でこの守秘義務が定められているからです。

アイデアに新規性をなくす他人とは、そういった守秘義務のない人。「秘密を守る約束をしていない人」なのです。

このルールに則り、個人Ｂ氏の主張は認められ、「実用新案Ｖの特許は無効」という判断が下されました。

ところで、個人であるＢ氏がなぜ企業を相手にわざわざ裁判を起こしたのか？　不思議だとは思いませんか？

実用新案Ｖを「自分のアイデアだ」という主張なら理解もできますが、まったく違う。言ってしまえば、Ｂ氏とはまるで関係のない話です。主張が通ったところで、賠償金を手にできるわけでもありません。

現在は修正されましたが、以前はまったく関係のない人でも、誰かの特許や実用新案にクレームをつけることが許されていました。

Ｂ氏の後ろにいるのは、どんな人物だったのでしょう？

実用新案Ｖがあると困る人。自分が裏で糸を引いていることをＡ社に知ってほしくない人。

さらには、Ａ社とＣ社がどんな話をしたかまで知ることができる人です。案外、身近にいる人物かもしれません。

「秘密を守る約束」を交わしても、どこで守秘義務のない人が聞き耳を立てているかはわからない。アイデアの取り扱いはとにかく慎重に、が鉄則なのです。

新規性は国境を越えて

2004年、『一太郎』というワープロソフトを販売する株式会社ジャストシステムを「我が社に特許権のあるアイデアの模倣だ」と、松下電器産業（現パナソニック）が訴えました。争点となったのは『一太郎』『花子』に入っている『バルーンヘルプ』というお助け機能です。

東京地裁では松下電器が勝ちましたが、知的財産高等裁判所（知的財産の事件を専門に扱う高等裁判所のこと。以下、知財高裁）では、ジャストシステムが逆転勝訴しました。勝敗を逆転させる決め手になったのが、知財高裁でジャストシステムから初めて提出されたある証拠でした。

それは、ヴィッキー・スピルマン＝ユージン・ジェイ・ウォング著の『HPニューウェーブ環境ヘルプ・ファシリティ』という本。もちろん全編、英語で書かれています。

そこには、松下電器産業が『バルーンヘルプ』についての特許を出願した当時、同様のアイデアがすでに広く知られていたことをうかがわせる記載がありました。よって、『バルーンヘルプ』の特許はそもそも無効、松下電器の訴えも退けられることになったのです。

このような文献を見つけることは、普通ならできません。特許庁の審査官は見つけようともしないし、そこまで求められていません。

しかし「このままでは裁判に負けてしまう！」と思うと、しっかりとお金と人手をかけて証拠を探し始めます。誰も知らない、外国の古い文献さえも見つけ出してくることができるのです。

この事例は、アイデアにおける「新規性」というものがこれだけシビアに判断されるものであることを私たちに教えてくれています。

いつ何時、あなたの特許をつぶそうと、血眼になって証拠を探し出してくる敵が現れるかわからない。特許がいかに「出願でもしてみよう」などという気軽なものでないかが、おわかりいただけたでしょうか。

次章では、さらに厳しい特許の裁判の実態をお話ししたいと思います。

第3章

知財の法廷に、大岡越前はいない

「弁論主義」というハードル

みなさんの中にも「落語ファン」という方がいらっしゃることでしょう。私も大好きで、通勤電車の中や昼休みなど、ちょっとした合間にイヤホンを使って楽しんでいます。

笑いあり涙ありのストーリーが心を豊かにしてくれますし、ときには人として忘れがちなことを思い出させてくれます。なにより、講義やセミナーなど人前で話をしなければいけない身としては、落語家のみなさんの話し方、特に「間」の取り方はこれ以上ないお手本です（当然ながら、思うようには真似できていませんが……）。

落語という「芸」は、江戸時代から盛んになったそうです。これは日本が誇る文化であるとともに、お金儲けのために考えられたアイデア。そう、知的財産の1つなのです。

私の好きな落語に、時代劇などでもおなじみの名奉行・大岡越前が登場する『三方一両損』という話があります。ストーリーは割愛しますが、この話を聞くたびに、「ああ、大岡越前のような名裁きをする奉行（裁判官）が、現代の裁判所にもいるといいのに……」と、思ってしまいます。

実態をお話しする前に、裁判のルールの中でも特に、みなさんに知っておいていただきたいルールをご説明したいと思います。

それは「弁論主義」。

いきなり固い言葉が出てきてしまいましたが、これを理解しておくと、腑に落ちない判決もストンと納得できるようになります。ちょっとだけ我慢して、お付き合いください。

弁論主義とは、

「判決の基礎となる事実の収集は、当事者の権能であり責任である」

とする主義のことをいいます。つまり、

「事実であることを証明するための証拠は、当事者自らが集めて提出しなければならない」ということです。

現代の法廷には、大岡越前もいませんが、同様に遠山の金さんも風車の弥七もいません。

悪人たちが悪事を働くところをしっかり現場で見ていてくれて、ここぞというときに「おい、お前ら、この桜吹雪を忘れたとは言わせねえぜ！」と、証人にもなってくれる金さんのような裁判官（実際は、中立でなければならない裁判官の証言は採用されません）や、こっそり悪人たちのアジトに忍び込み、証拠を押さえてきてくれる弥七のような仲間がいたら、どんなに心強いことか……。

しかし、現代の裁判ルールでは、証拠は当事者が正しい方法で自ら探し出してもってこなければならないのです。

自分の正義を裁判所に認めてもらいたいのなら、そのための証拠を自分自身で身を削って探し出さなければなりません。お金を払って、弁理士や弁護士、その他のプロに頼むこともできなくはありませんが、この世に存在しないものは、どう転がっても存在しません。

また、たとえどこかに存在することが確実であっても、見つけ出せないのであれば、それは不存在、「ないもの」なのです。

あなたが主張しようとする「事実」がまさに事実であっても、神様がそれをご存知なのであっても、誰をも納得させられる「証拠」を示せなければ、法廷ではその事実は「不存在」以外の何物でもありません。

「『内緒だぞ』と俺が言ったら、あいつは『わかりました』と返事した。だから、あいつには秘密を守る義務があったはずだ！」

と言っても、残念ながら裁判では意味がありません。秘密を守る義務があったことを証明する書面などがなければ、裁判の場では、義務の存在を認めてもらえないのです。

今どきは会話を隠し録りした音声データなども場合により認められる例もありますが、証拠能力としては書面が一番安心といっていいでしょう。

これが「弁論主義」という動かぬ裁判のルールです。

それでは実際に起きた、いくつかの知財がらみの裁判をご紹介していきましょう。

見せる相手を間違えたブラジャー

タイトルをご覧になって「ドキッ！」とされた方は少なくないのではないでしょうか？　ご期待にそえるかはわかりませんが、お話しするのは乳がんの手術をした女性たちのための特殊な形のブラジャーをめぐる事件です。

起業家Ａから、この特殊なブラジャーの開発を依頼されたＢは、開発に着手。試行錯誤の末、作り上げたブラジャーのサンプルをＡに送りました。

男の私から詳細を申し上げるのは少々気恥ずかしいのですが、それは左胸用と右胸用で一対になっているものでした。左右別々になっているので、家にいるときは必要な側だけを使用し、外出時には切除した側に、部位の矯正と保護のためのパッドが入ったブラジャーを装着します。常にパッドを入れたブラジャーをつけていなくてはならないわずらわしさから解放される、素晴らしいアイデアでした。

サンプルを受け取ったAは、それを参考にアイデアの説明書を作り、自分だけを名義とする特許出願を行いました。

審査は進み、やがてAだけを名義とする特許権が設定登録されました。

そのことを知ったBは、

「ブラジャーのアイデアは自分が考えたものだから、Aの特許権をBに移転してほしい」

とする裁判を起こしました。

裁判所は、「移転を認める規定がない」という理由で、Bの言い分を認めませんでした。

みなさんはどう思いますか？　「開発したのはBなのに、特許権が認められないのはおかしい」「手柄を横取りしたAはひどいヤツだ！」といったところでしょうか？

この判例から学ぶべきことが、2つあります。

1つは「Bはブラジャー（のアイデア）を最初に見せる相手を間違えた」ということです。自分で考え出したアイデアなのですから、Aに見せる前に、自分で特許出願して特許庁に見せるべきでした。

もう1つは、法律の世界の格言に「権利の上に眠る者は保護されない」という、厳しい現実を伝えるものがあります。

権利があるのに、それに気づいていない者は、その権利をもっていないに等しい。ブラジャーを開発したとき、Ｂには法律に関する知識も、知財コミュニケーション力もなかったのでしょう。そのことが「アイデアを横取りされる」という事態を招いてしまいました。

なお、この裁判が行われた頃は、この「移転請求」ができる法律がなかったのですが、平成23年（２０１１年）の特許法改正でできるようになりました。Ｂのような人がたくさんいたことの表れでしょう。

おそらくＢは「私のときに、この法律があればよかったのに！」と地団駄踏んだことと想像します。「あなたのおかげもあって、今、たくさんの人が損をせずに済んでいるのですよ」と言ってさしあげたいですが、それでも気は晴れないかもしれませんね。

サトウの切り餅が、越後の餅に粘り負け

餅といえば「正月の食べ物」というのが相場でしたが、最近では1年中スーパーに並ぶようになりました。そのほとんどが小さく切り分けられ、小袋にパックされた「切り餅」です。

次は、切り餅界のトップランナー『サトウの切り餅』をめぐる裁判の話をしましょう。新聞はじめ、多くのニュースで取り上げられましたから、ご存知の方もいると思いますが、詳細は

『サトウの切り餅』

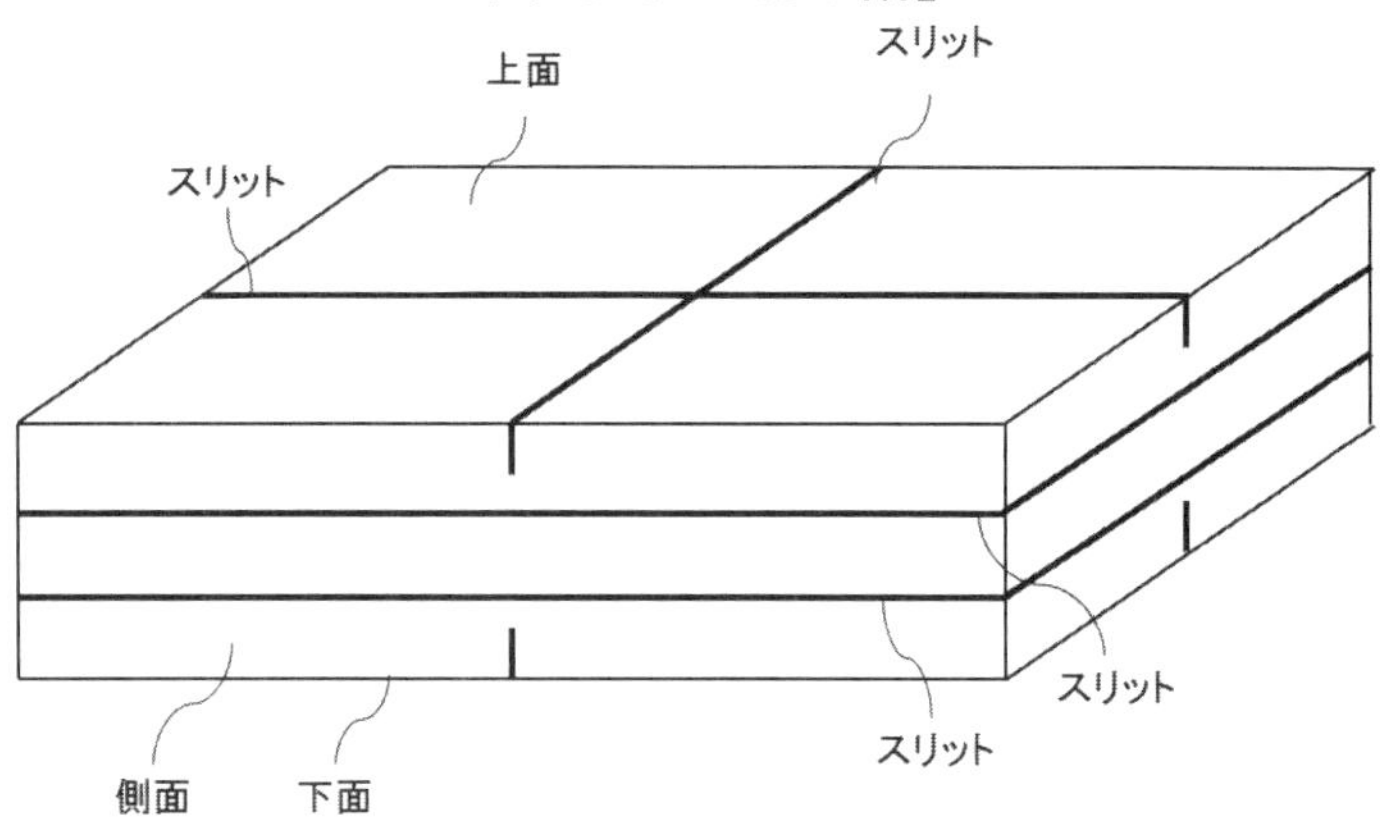

特許第3620045号公報から引用

こうでした。

サトウ食品工業株式会社（以下、サトウ食品）が販売する『サトウの切り餅』には、上図に示すように上下の面と側面にスリットが入っていました。上下の面には十字、側面には平行線が2本です。なんのためのスリットかというと、切り餅をきれいに焼き上げるためのものです。

この切り餅に噛みついてきたのが、同業者の越後製菓株式会社（以下、越後製菓）です。「側面にスリットを入れるアイデアは、越後製菓の特許としてすでに成立している。『サトウの切り餅』はそのアイデアを模倣したものだ」と主張したのです。

東京地裁では、スリットの入れ方に違いがあることから「模倣にならない」と判断され、越後製菓が負けました。これに不服を申し立てた越後製菓は、知財高裁で逆転勝利を勝ち取りました。

知財高裁でいったい何があったのでしょうか？

逆転の理由は２つありました。

１つは、知財高裁が越後製菓の特許の権利範囲の解釈を変更したから。

「特許の権利範囲」とは、特許公報の「特許請求の範囲」にどのように書かれているかによって決まることになっているのですが、これをどう「解釈」するかは人によってさまざま、という現実があります。

この裁判で、東京地裁と知財高裁で解釈が分かれたポイントは「スリットが切り餅のどの部分に入れられているか」という点でした。

特許請求の範囲に使われた言葉はわかりづらいので、解釈が分かれたポイントの部分を私なりに書き換えてみます。

「切り餅の下面、または上面ではなくこの切り餅小片の上面とつながる側面の表面に（中略）スリットを入れた」

「ちっともわかりやすくなっていない」なんてことは言わないでくださいね。さて、あなたは、これをどのように解釈しますか？

東京地裁は「餅の上面と下面には入れずに側面にスリットを入れる」と解釈し、上下の面にもスリットが入っている『サトウの切り餅』は「権利範囲外」と判断しました。

これに対し知財高裁は「側面のスリットの有無を明確にするための記載であって、下面または上面にスリットが入ることを除外するための記載ではない」として、『サトウの切り餅』は「権利範囲内」だと判断したのです。

越後製菓の逆転勝利の理由、２つ目はサトウ食品のすべての反論が退けられたことでした。サトウ食品は「越後製菓が特許を出願するより前に、スリットの入った『サトウの切り餅』をイトーヨーカドーで販売していた」という、新たな主張を展開しましたが、知財高裁はこれを認めませんでした。主張の裏付けとしてサトウ食品が提出した証拠は、自社の社員による「販売されていました」という証言でした。

サトウ食品がこの証言で何を主張したかったのかというと、「越後製菓の特許は新規性がないから無効だ」ということと、サトウ食品が「先使用権」という権利をもっているということです。

新規性のことは、前章で書いたとおりです。

「先使用権」は初めて出てきた言葉なので、説明が必要ですね。たとえば、Ａというアイデアに特許が与えられた場合。Ａというアイデアを使いたい人は、Ａの特許権者（特許権のオーナー）に使用料を払わなければならず、黙って使っていることを特許権者に見つかった場合、話し合いで決着がつかないと、最悪、訴訟に発展してしまいます。ところが、Ａというアイデアが特許出願される前から独自に開発、使用していたことが証明できれば、それは「使ってもいい」とされるのです。これが「先使用権」です。

サトウ食品の主張で説明すると、『サトウの切り餅』を越後製菓の特許の出願日より前から販売していたのだから、越後製菓が特許を取った後でも、そのまま続けて販売していいと主張したことになります。

一般論に戻すと、「うちのほうが先に使っていたのだから、その特許は無効だ」と主張することもできますし、「そこまではしないから、代わりにうちがこのアイデアを使うことは認めてよ。あなたも特許を無効にされたらイヤでしょう?」という、ウィンウィンの関係をつくる交渉材料としての権利ともいえます。

その権利を得るために、サトウ食品が出した証拠は、というと、「自社の社員の証言のみ」でした。

刑事ドラマにたとえれば、アリバイを聞かれた被疑者が、

「その時間は妻と2人で家にいました。証明してくれる他人はいないけど、妻が言うんだから間違いありません」

と、答えるのに似ています。

そんな被疑者に対し、刑事はなんと言うでしょうか?

「身内が証言するアリバイは、アリバイとして認められないんですよ」

その通り、サトウ食品に対して、知財高裁は「自社社員の証言は、不自然である」として、ばっさりと切って捨てました。自分でやったことを身内で証明しようとしたからなのか、サトウ食品の社員の証言を「怪しい」とにらんだようです。

その結果、裁判はサトウ食品の逆転負けとなりました。サトウ食品が上告し、最高裁でも争われましたが、そこでも「知財高裁の判断が正しい」とされたため、サトウ食品は約8億円の損害賠償金を支払わされることになったのです。越後製菓の粘り勝ちです。

本当に証言に嘘があったのか、自社の社員に証言させるというサトウ食品の争い方が悪かったのか、これがテレビドラマなら『遠山の金さん』の桜吹雪が登場するところですが、今となっては調べる術(すべ)がありません。

裁判官だって現場を見てきたわけではないのです。もちろん、私にもわかりません。ただ、1つだけ言えることは、販売の事実のあるなしはともかく、サトウ食品は裁判所を説得するために十分な証拠を提出できなかった、という「事実」です。

それができなかったことで、有利に進めていたはずの裁判が逆転されてしまう。裁判において「証拠がいかに重要か」ということです。

蛇足ながら「先使用権」について、ひと言補足しておきます。

「そういう権利があるのなら、わざわざお金と労力をつかって、面倒くさい特許なんて取得しなくてもいいのでは？」と思われた方もいるかもしれません。

そういう考え方も否定はしませんが、先使用権は弱者のための最終手段、いわば「窮鼠猫を嚙む」的な権利なのです。

ビジネス上、必要なアイデアなら、特許を取得し、堂々と権利を守るべきと考えます。

解凍したらアイデアも解けた？

聞くところによると、日本における捕鯨の歴史は、縄文時代までさかのぼるそうです。私たち日本人にとって捕鯨は、有史以前から行われてきた独自の食文化です。ところが近年では、この捕鯨に対し、諸外国からさまざまなクレーム、時には妨害行為まで行われています。

自国の文化を大切にするように、他国の文化も尊重するのが、国際社会のルール。私たちは知恵を出し合い、自分たちの食文化を守っていかなければならないと思います。

さて、その鯨肉をいつでもおいしく食べられるようにと、水産企業Aが鯨肉の保存方法を開発し、特許を取りました。

特許の内容は、次のような内容です。細かいところは、省略してあります。

① 急速冷凍した鯨肉を温水に浸して、急速解凍する。
② 急速解凍された鯨肉を袋に入れ、真空にする。
③ 袋にガスを充填し密封し、冷凍保存する。

以上3点を出荷前に行うことを特徴とする「鯨肉保存方法」が特許を取得したのです。

その水産会社Aが「保存方法をパクった」として、食品会社Bを訴えました。

裁判の中で食品会社Bは、

「『急速冷凍・急速解凍した鯨肉』は使用していない。使用しているのは『生の鯨肉』だから模倣していない」

と、反論しました。

違う言い方をすると、

「『急速冷凍』と『急速解凍』していないから、水産会社Aの特許とは無関係のアイデアだ」

と、主張したのです。

水産会社Aは、食品会社Bの工場内で見てきたわけではないので、鯨肉が「急速冷凍・急速解凍した鯨肉」なのか、それともBの主張通り、「生の鯨肉」なのかどうかまではわかりません。

その代わりの証拠にするため、水産会社Ａは「急速冷凍・急速解凍したことで鯨肉に含まれる成分が変化すること」、同じく「細胞壁に変形が起こること」を挙げ、「食品会社Ｂの鯨肉にはそのような変化・変形が起こっている。だから模倣している」という論陣を張りました。

結果、裁判所は、「模倣していない」とし、食品会社Ｂに軍配を上げました。その理由は、「先の変化・変形は水産会社Ａのいう『急速冷凍・急速解凍』を行ったときだけの現象ではないから、食品会社Ｂの鯨肉の保存方法が直ちに特許アイデアの模倣にはならない」というものでした。

ここでも言えることは、食品会社Ｂの鯨肉の保存方法が「急速冷凍・急速解凍」された鯨肉を用いたものであるか否かについて、裁判官を納得させるだけの証拠を水産会社Ａが出せなかったという「事実」です。

この一件では、「急速冷凍・急速解凍」が行われたことを、その保存方法によって保存された鯨肉を「見ただけでは確認できなかった」ことが重要でした。

特に「○○方法」の類（たぐい）の特許がそうなのですが、もしこの類の特許出願を考えているとしたら、出願する前に、その方法が使われたことを見ただけで誰もが確認できるかどうかをよく検討してください。

　もし確認できないのであれば、特許出願はしないで、それをノウハウとして秘密にしておくほうがいいかもしれません。水産会社Ａのようにならないために。

『どん兵衛』と『サッポロ一番』が法廷バトル

中国で生まれ、アジアの食品であった「中華麺」が、今では世界中に広まり、国際食といえる地位を築きました。その背景には、日本が生んだ「即席ラーメン」の存在が大きかったことは言うまでもないでしょう。

日清食品株式会社（以下、日清食品）のホームページによれば、日本の即席ラーメン（インスタントラーメン）の歴史は１９５８年に同社創業者の安藤百福が『チキンラーメン』を発明したことに始まるとしています。

　ここで紹介するのは、『カップヌードル』『ラ王』などの大ヒット商品をもつ日清食品と、『サッポロ一番』でおなじみのサンヨー食品株式会社（以下、サンヨー食品）の「ストレート麺」の製法をめぐる争いです。

日清食品は主力商品である『どん兵衛』などに使用している「お湯をかけると麺がほぐれ、

食べるときに真っすぐになる」という「ストレート麺製法」について特許を取得していました。そして、２０１２年12月、その「ストレート麺製法をパクった」としてサンヨー食品を訴えたのです。

各種報道によれば、サンヨー食品は「まったく違う製法」と反論したようなのですが、およそ2年後の２０１５年1月に、一転して「和解」によって解決となりました。「和解」とは、当事者が譲歩し合って争いをやめる約束のことをいいます。

この件の真相は当事者でなければわからないものの、２０１５年1月22日付の日本経済新聞朝刊は、

「日清によると、和解は15日付。和解金の支払いの有無や金額は非公表。サッポロ一番などの麺の製法が、日清が『どん兵衛』などに用いる『ストレート麺製法』に関わる特許技術に属していることを双方で確認した。サンヨーは昨年9月に作り方を変更したという」

と、報じています。

報道は「日清によると」という条件付きですが、「『ストレート麺製法』に関わる特許技術に属していることを双方で確認した」のであれば、サンヨー食品が当初の主張を翻したということになります。そもそも報道が間違っているのか、当初は「違う」と考えていたが勘違いだったのか、それとも、我々が知り得ない何らかの事情があるのか、部外者にはまったくわかりま

せん。

　これは私の勝手な想像ですが、企業というものはとかくイメージを気にするものです。「パクった」などというレッテルは、深刻なイメージダウンを招くもの。「株主に何を言われるかわからない」「消費者からの信用を失う」などといった不安から、「なんでもいいから、この裁判をさっさと終わらせろ！」と、「和解」という結論に落ち着くことが多いように思うのです。

　世間に「パクリ」のイメージが浸透する前に、訴訟を終わらせる。企業としては正しい判断なのかもしれませんが、こうした報道を目にするたび、私は現場の開発者たちの胸の内を思わずにいられません。

「オレたちはパクってなんかいない！」

「どうして、上は堂々と戦ってくれないんだ！」

「もうやってられないよ……」

　開発は、日々積み重ねられた努力の結晶です。それがうやむやに葬り去られてしまう。イメージ戦略も大事ですが、企業は「開発者の誇り」にももっと心を配るべきなのではないか、と思うのです。

　わかりやすくするために本書では「パクリ」という言葉を使っていますが、この言葉には注意が必要です。この言葉の本来の意味は「盗み取る」ことです。他人のアイデアを盗み取ったのなら、これはまさにパクリです。いいことではありません。

アイデアというものは、頭の中でつくられるものなので、複数の人が別々に、しかも同時に、同じアイデアを考えつくこともあり得ます。著作権法では、デザインが同じであったとしても、他のデザインを模倣したのでなく、独立に作成されたと認められれば、それぞれ保護されることになっています（相対権）。

これに対し、特許法では「特許を取った人だけしかアイデアを使えない」ことになっています（絶対権）。自分で考えたアイデアでも、同じアイデアについて他人が特許を取ってしまっていたら、自分のアイデアの実施が他人の権利を侵害することになるのです。

これは「侵害」であっても、「パクリ」（盗み取り）ではありません。不幸にして侵害があったからといって、それらのすべてがパクリとは限らないことを覚えておいてください。

他人のアイデアからヒントをもらい、独自のアイデアを思いつくこともあります。これは「パクリ」とは違います。

先人のアイデア（知恵）に学び、その上に新たな工夫を付け加えて、自分のアイデアを生み出していく。今、私たちが快適な生活を営めているのは、こうした模倣と努力が繰り返されてきたおかげだと思うのです。

模倣を「パクリ」と決めつけず、一定の敬意を払う。企業や私たち消費者にその認識があれば、開発の現場はもっと活気づく。それは日本の国力を上げることにもつながる。そんなふうには考えられないでしょうか。

また、第1章で触れた日本企業が外国企業に比べ、特許による利益率が低い理由の1つがこうした「裁判に関する及び腰」にあると私は考えています。

話を戻しましょう。

この日清とサンヨー食品の件から学ぶべきは、裁判というものを終わらせる方法は「判決」だけではない、ということです。本件のように民間同士のトラブルなら、裁判を「始めるも自由」、当事者が納得するなら「終わらせるも自由」なのです。

そして、もう1つは中小企業に比べ、裁判費用が潤沢にあるような大企業であっても、裁判を勝利で、速やかに終わらせることができるような、完璧な証拠を探し出してくることはなかなか難しいことだということです。

アリが巨象を倒した代償

私が「放浪しながら世界一周」という夢を果たすため、タクシードライバーになった話は既にしました。その世界一周から帰国して勤務したのが、東京・秋葉原の免税店、１９８０年のことでした。

免税店での販売は、本当に楽しかったです。なぜかというと、ソニーのカセット式ウォークマンが外国人客に飛ぶように売れたからです。ウォークマンが発売されたのは、前年の１９７９年のことでした。

その後も、常に携帯音楽プレーヤーの頂点に立っていたウォークマンが、２００１年に登場したアップルのｉＰｏｄに、その座を奪われてしまいました。

あの「世界のソニー」が、どうしてそんなことになってしまったのでしょうか？

『会計士は見た！』（文藝春秋）の著者で、公認会計士の前川修満氏は、ソニーの連結損益計算書（公開資料）を分析し、「ソニーは最早エレクトロニクス企業ではない」と結論づけています。

なるほど数字を見る限り、ソニーの稼ぎ頭はエレクトロニクスではなく、「ソニー銀行」「ソニー生命」「ソニー損保」などの金融部門だとわかります。

では、ソニーを知財的にみると、どうなるでしょう。

一般的に企業の特許出願は、年間に割り当てられた知財予算を消化する形で行われていることが多いのは、先に述べた通りです。ソニーも例外ではないでしょう。

それを前提にソニーの特許出願数の推移を年別に見ると、次頁のグラフが示すように１９９

ソニーの国内特許出願数（年別）

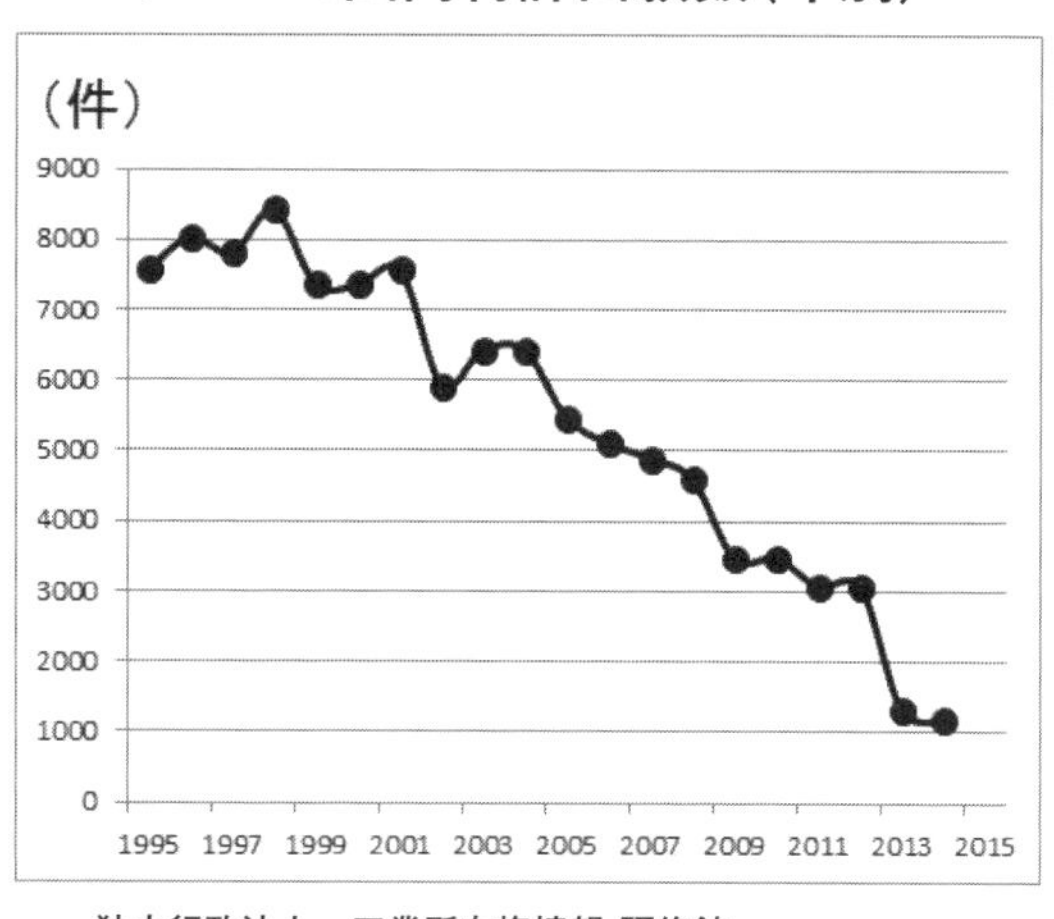

独立行政法人　工業所有権情報・研修館
『特許情報プラットフォーム』のデータから筆者作成
2015年3月以降のデータは未公開（2016年10月9日現在）

８年の８５１５件をピークにほぼ直線的に減少し、２０１５年にはなんと１３５３件にまで落ち込んでいます。

もちろん、「特許数が多いこと＝いいこと」では必ずしもありません。けれども、ソニーにおけるこの減少は、「技術開発が進んでいないからだ」という考え方もありますが、私は明らかな開発予算の削減とみています。

ソニー銀行は２００１年、ソニー生命は１９７９年、そしてソニー損保は１９９８年の設立だということを踏まえると、これらの成長を示す右肩上がりのグラフと右肩下がりの特許出願数とが完全にクロスしているように思えます。

前川氏がいうように、ソニーは「エレクトロニクスもやっている会社」になろうとしている（ならざるを得ない）のかもしれません。

さて、タッチスクリーンが主流になった今はなくなってしまいましたが、以前のｉＰｏｄは、『クリックホイール』という入力装置が付いていました。指でくるくる回すスクロール用のタッチパッドと押しボタンが一体化した装置です。

ここで紹介するのは、日本の個人発明家Ｓ氏と、世界を索引する大企業、アップルとの争いです。

１９９８年、個人発明家Ｓ氏はアップルが新商品に使用する予定の『クリックホイール』のアイデアが、自身が発明したアイデアと類似していると主張、ライセンス交渉をもちました。

ところが、アップルは「アリの主張など知ったことか」とばかりにそれに応じませんでした。

さらには、追い打ちをかけるように、Ｓ氏はそのアイデアについての最初の特許取得も失敗してしまいます。

失敗の理由は、特許を申請した範囲が広すぎることやその表現方法など、特許の専門家に頼らず、Ｓ氏自身が出願書類を書いたことによる不備が大きかったように思います。

普通なら、ここでくじけてしまっても仕方ないところ、Ｓ氏は今度は専門家である弁理士の手を借りて「分割出願」という方法を見つけ出しました。

「分割出願」とは、親となる特許出願（親出願）にもともと含まれていたアイデアを独立させ、

年　月	S氏が行ったこと
1998.01	親出願（特許にならず放棄）
	アップルとのライセンス交渉失敗
2004	（アップルが『iPod mini』、新型『iPod』発売）
2005.05	親出願から分割した分割出願
2006.09	分割出願の特許が登録される
	訴訟前交渉の決裂
2013.09	東京地裁　S氏勝訴 アップルに3億3000万の支払い命令
2014.04	知財高裁　S氏勝訴 アップルに3億3000万の支払い命令
2015.09	最高裁　S氏勝訴確定

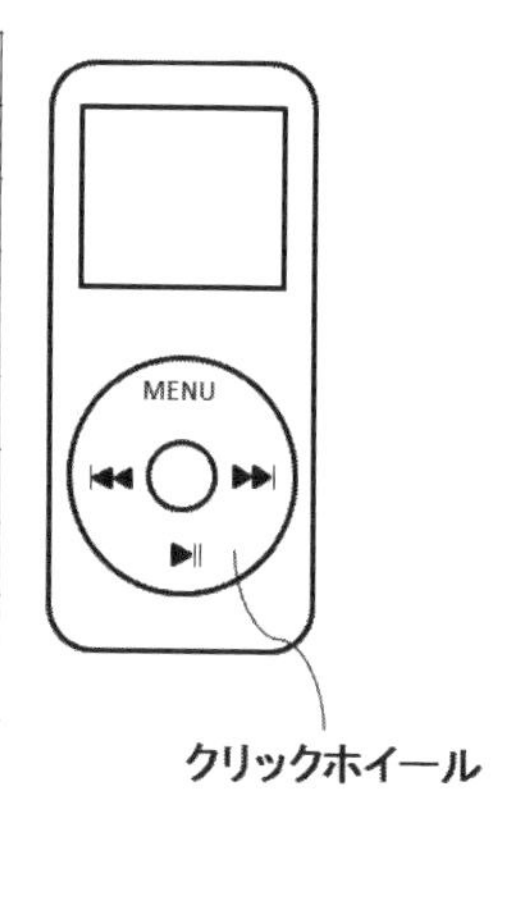

新たな出願に仕立てることです。

S氏が最初に出した親出願には、スイッチ機能のついたダイヤルについての2種類のアイデアも含まれていました。そのうちの1つがｉＰｏｄのクリックホイールのアイデアをカバーするものだったのです。S氏はそのアイデアの保護を求めて、分割出願を行いました。

この「分割出願」のことをマスコミなどが「再出願」と言うことがありますが、後出しジャンケンのような印象を与えやすい、間違えた言い方です。

分割出願は、親出願の中にもともと含まれていたアイデアの保護を求めるものであって、いわば「潜在化していたアイデアを顕在化する出願」。相手の商品を見てからアイデアを変えるような、ずるい手段では決してありません。

開発者が特許を出願するアイデアは、たくさんのアイデアを様々な方法で組み合わせ、積み重ねた結果、生まれた１つの「作品」です。作品自体が特許を認められなくても、その部品の１つであったアイデアに特許が認められることはままあるのです。

Ｓ氏は、２００５年５月に分割出願し、翌２００６年９月にようやく特許を取得します。98年の失敗から、すでに８年もの月日が経っていました。

しかし苦難はまだ続きます。その特許とともに、再度もったアップルとの交渉は決裂。ここに至り、この件はついに訴訟へと発展し、舞台を法廷へと移すことになったのです。

結果的にはこの分割出願による特許取得が、Ｓ氏の突破口となりました。２０１３年９月の東京地裁でも、翌２０１４年４月、アップルの控訴により開かれた知財高裁でも、Ｓ氏の勝訴。アップルから３億３０００万円もの損害賠償を勝ち取りました。

この判決は、まさに「アリでも巨象を倒せる」という見本です。これまで大企業にアイデアを盗まれても、泣き寝入りするしかなかった多くの中小企業のみなさんに、正しい戦い方と希望を示した、画期的な事例といえるでしょう。

ところが、この裁判はアップルにより上告され、上告を退ける最高裁の決定が出たのは２０１５年９月のことでした。

やっと賠償金が受け取れることになったＳ氏ですが、98年から17年もの間は当然ながらアップルから一銭も受け取っていません。

逆に、弁理士・弁護士の報酬やその他の訴訟費用が相当額に上っているでしょう。もらった賠償金も、弁護士への成功報酬などで、S氏の手元にいくら残ったのかはわかりません。

さらに、分割出願を行ったり、先の表には入れていませんが、アップルから無効審判を請求されたりと、この17年の間、1日たりとも心安らぐ日はなかったのではないかと、面識のない私でもS氏に同情を禁じ得ないほどです。

アリでもやり方によって、巨象は倒せます。けれど、ここまでやらなければ、誰も巨象を倒せない。知財における裁判とはたとえ勝てたとしても、想像以上に厳しい犠牲を強いるものなのです。

さらにS氏には厳しい現実がもう1つありました。この17年の間に、S氏の大事なアイデアはすでに「過去のアイデア」となってしまっていたのです。

特許を骨抜きにする技術の進歩

日々進歩を続けているアイデアの世界では、17年は私たちが体感する以上に途方もなく長い時間です。

技術の進歩と特許は一見、仲間のようでいて、実は骨抜きにしてしまうという、敵役のような側面もあるということをお話しして、この章を締めくくることにしましょう。

かつてタクシードライバーをしていた私ですが、はっきりいって向いていませんでした。なぜなら、メチャクチャな方向音痴だったからです。

今ならカーナビゲーション（以下、カーナビ）がありますので、たとえ方向音痴のドライバーでも、目的地の反対方向に車を走らせてしまうことはないでしょう。あの時代にカーナビがあったら、私もあれほど苦労しなくても済んだのに……と、心から思います。

そんな便利なカーナビが、特許裁判のターゲットになりました。訴えたのは、カーナビ・カーAVのメーカー、パイオニア。訴えられたのは、「ナビターイム！」と叫ぶヘルメットのヒゲおじさんでおなじみのナビタイムジャパンです。

対象とされたのは、ナビタイムジャパンが提供する『EZ助手席ナビ』という有料サービス。スマホのGPS機能を使い、目的地への経路を検索して画面と音声で案内するというカーナビサービスでした。お使いになったことのある方もきっと多いでしょう。

このサービスさえあれば、わざわざカーナビを購入する必要はありません。パイオニアにとっては、まさに「商売あがったり」。早速、ナビタイムジャパンに噛みついたのです。

ところが、一審の東京地裁は、パイオニアの請求を棄却しました。

というのも、パイオニアのカーナビ特許には「機器がまるごと車内に搭載されている」と記されていますが、『ＥＺ助手席ナビ』はナビタイムのサーバーとスマホの間の通信でカーナビとしての機能を果たしているもの。サーバーは当然、車内には搭載されていません。すなわち、両者は別物、「『ＥＺ助手席ナビ』は、パイオニアの特許権を侵害していない」と判断されたのです。

パイオニアの控訴によって開かれた知財高裁も東京地裁の判決に同意し、パイオニアの敗訴が確定しました。

今やスマホがあればなんでもできる時代ですから、ＧＰＳと通信させ、スマホをカーナビとして使用することは、誰でも想像できます。

ところが、パイオニアのカーナビ特許が出願された１９９１年４月といえば、携帯電話を持っていること自体がステータス、インターネットもまだまだ一般的でない時代です。

そのようなときに、今日のようなスマホを誰が想像できたでしょうか？　ちなみに、スティーブ・ジョブズ氏によって、最初にｉＰｈｏｎｅが紹介されたのは、２００７年１月９日のことです。

エレクトロニクスの分野は特に、技術進歩が速いので、特許を取ったとしてもすぐに使えなくなってしまうことが少なくありません。パイオニアのカーナビがスマホにとって代わられたように、本日出願した特許のアイデアが、特許が認められる頃にはもう世間に受け入れられなくなってしまう可能性だってあります。

進歩はこうして、時に特許を骨抜きにしてしまうのです。

第4章

アイデアの「現場」に魔の手が迫る

磨き屋シンジケートにスパイ潜入？

「スパイ」と聞いて、あなたはどんなことをイメージしますか？　００７に、トム・クルーズ。頭脳明晰で腕っぷしも強くて、でもどこかミステリアスで女性にもモテる。映画の中なら「カッコいいなあ」で終わりですが、そんな人物がもしあなたのすぐそばにいたとしたら？　そして、あなたの大事なアイデアを首尾よく盗んでいったとしたらどうでしょう？

スパイは決して、「映画の中の人物」ではありません。実在の、しかも案外、身近にいる、生身の人間なのです。

ここまで、特許出願によるアイデア流出や裁判についてお話ししてきました。けれど知財であり、日本の宝でもあるアイデアは今や世界中から狙われ、日々、より積極的に、より狡猾に奪われ続けています。

だいぶ古くなりますが、「アイデア流出はネット上だけじゃない、現場で起きているんだ！」

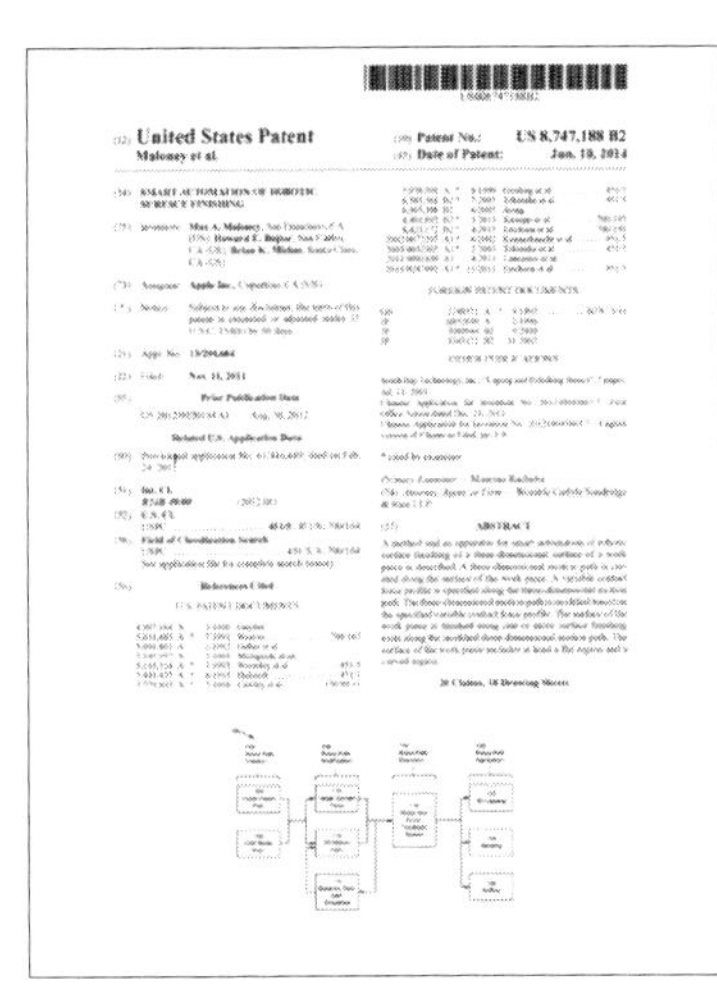
United States Patent
Maloney et al.
Patent No.: US 8,747,188 B2
Date of Patent: Jun. 10, 2014
SMART AUTOMATION OF ROBOTIC SURFACE FINISHING
ABSTRACT

米国特許8,747,188号公報

(19) 中华人民共和国国家知识产权局
(12) 发明专利

中国特許102689238号公報

というところでしょうか。

この章では、そんな話を紹介したいと思います。

その前に、このような事例に接するときに重要なことは、「だからダメなんだ！」とか、「誰がそんなことをしたんだ！」といった感情論、責任追及論の対象としてはいけないということ。「なぜ、そうなったのか」を探索し、それを教訓にすることが私たち日本人がとるべき姿勢と考えます。その現場にあなたがいたら、もしかしたら同じ過ちを犯していたかもしれないのですから。

事例の１つ目は新潟県燕市の「金属研磨のスペシャリスト集団」と、前章にも登場したアップルのｉＰｏｄにまつわる話です。

新潟県燕市は、江戸時代から金物や刃物の名産地として、研磨技術をまさに「磨いて」きた由緒ある地です。現在、燕市の商工会議所では、金属研磨のスペシャリスト集団を「磨き屋シンジケート」と名付け、世界に発信。その匠の技は「名実共に世界一」と言われています。

その磨き屋シンジケートにある日、アップルから依頼がありました。「新製品であるｉＰｏｄの裏側をピカピカに磨き上げてほしい」という注文です。

聞いたところによると、磨き屋シンジケートのような技術をもった職人が海外にはおらず(数社に依頼したところ「うちの技術では無理だ」と断られたそうです)、コンタクトをとってきたということです。

ｉＰｏｄの裏側の、鏡のようにピカピカな輝き、私たちもすぐに思い浮かべることができますね。それが燕市で行われていたとは、誇らしい限りです。

正確な数字は知りませんが、３億台を超えるｉＰｏｄが磨き屋シンジケートによって磨かれ、世界中に散っていったそうです。

しかし、その後、ピカピカ磨きの仕事は燕市から中国へと移されました。日本の燕市にしかなかったはずの匠の技が今、中国で堂々と行われています。

どうして、このようなことが起こったのでしょう？　断定はできませんが、燕市の匠の技が中国に流出した、と考えるのが自然ではないでしょうか。

書籍『アップル帝国の正体』（後藤直義、森川潤著、文藝春秋）には「アップルの社員が燕市の工場で行われていた研磨工程を3日がかりで撮影していった」と書かれています。

119頁の2つの特許公報の写しを見てください。特許を認められたアイデアの内容が図面と文字で書かれています。左側は米国で出されたもの、右側は中国で出されたもの。実は、両方とも米国のアップルが特許権者（特許権の持ち主）であることを示すもので、アイデアの内容は両国間でまったく同じものです。

このアイデアは『高度に自動化したロボット仕上げ』というタイトルがついており、プログラムで動くロボットで製品を磨くためのアイデアということがわかります。

次頁の図は、両方の特許公報に含まれる図の写しです。図の中に翻訳した名称をつけました。図の一番下の横長の台形の形をした「製品」は、iPodを横から見た形状にそっくりです。製品の上に載せられた「研磨材」入りの「パッド」を「仕上板」で押し付け、車のワックスかけのように小さな渦巻きを描きながら行ったり来たりして、全体を磨くつくりになっています。その動きは、コンピュータ制御された「ロボットアーム」によって行われます。

特許公報の説明の中には「高品質、均一な製品仕上げ、大量生産を最小限の時間の中で実現することを目的とする」と書かれています。まさに大量のiPodの裏側を自動でピカピカに磨くためのアイデアに見えます。

アップル特許の図面

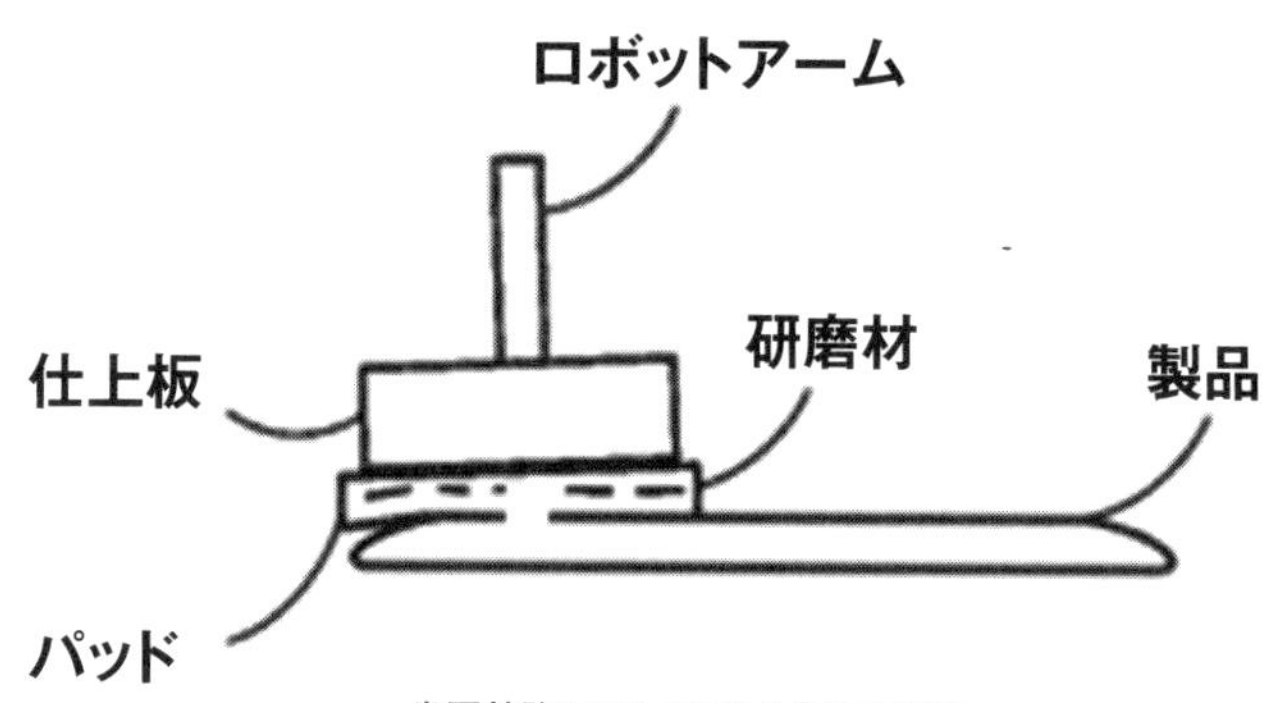

米国特許8,747,188号公報から引用

燕市の工場で撮影されたという資料映像が間違いなく存在したなら、それが元になっているアイデアの特許なのではないかと疑いたくもなります。

この特許公報に書かれているアイデアが、iPodの裏面を磨くときに本当に使えるものなのか、そうだとして実際に使われているかどうかは、iPodを直接触ってみてもわかりません。

アップルを疑うなら、第3章で「弁論主義」としてお話しした通り、iPodを生産していた中国の工場内に潜入し、磨いている現場を見てみるしかありませんが、見たところで燕市のアイデアであるかは判断できません。

唯一言えることは、特許登録されたアイデアの内容は、アップルが燕市を訪ねてきたことから察するに「もともとアップルがもっていたアイデアではない」ということです。

とするならば、「少なくとも匠の技のアイデアが土台になったアイデアだ」という推測が十分に成り立つとは思いませんか？

リメンバー、ピカピカ磨き！

磨きのアイデアについてアップルは、同じ内容のアイデアを米国と中国の2カ国で別々に特許を取りました。ということは、「このアイデアは中国と米国で独占したい」、もしくは、「米国と中国で独占できれば十分だ」という意思表示だと思います。

ちなみに、日本にも同じ特許があるのかを調べましたが、見つかりませんでした。アップルは、このアイデアを日本で使うつもりはないようです。

第1章で、「特許には国境がある」、一方で「アイデアには国境がない」ことをお話ししました。このアイデアは米国と中国で守られ、両国の特許公報を介して両国を含む世界中に拡散していったことでしょう。

たとえば、中国語の特許公報を見つけた台湾の技術者が、それと同じアイデアを使って製品を磨き始めることができるわけです。英語の特許公報を読んだ韓国の技術者が、それと同じアイデアを、それまでのものと置き換えて使用して、製品の仕上がりレベルを向上させる可能性が出てくるわけです。

もう、このアイデアの流出を押しとどめるのは不可能でしょう。日本が世界に誇る燕市の技術が、タダで世界に拡散されてしまっているのです。

技術が正しく守られていたならば、ｉＰｏｄを見た諸外国のメーカーが「うちにもピカピカ磨きを！」と、燕市に長蛇の列をつくっていてもおかしくありませんでした。それが一転、大変酷なようですが、どこででも、誰にでもできる技術になってしまったのです。

そのアップルが横浜市港北区にあるパナソニックの工場跡地の一部を購入しました。現状がどうかはわかりませんが、２０１６年度中に完成予定の研究開発拠点の建設が進んでいます。

この狙いはなんでしょうか？

アップルを悪者にするつもりはありませんが、日本にある人財（財産ともいえる人材のこと）と匠の技の取り込みと考えて間違いないでしょう。

それなりの投資によって日本に施設が設置され、雇用も生まれることと思います。日本に技術があることを認めてくれたということでしょうから、必ずしも悪い話ではないのかもしれません。

一方で、日本メーカーの技術者がその得難い技術と経験とともに引き抜かれる懸念が高まっているともいえます。

中小企業は丸ごと取り込まれ、気が付いたら自分たちの匠の技はいつのまにか機械に取って代わられ、「用済みだ」とばかりに捨てられることのないようにしてほしいと願うばかりです。忘れてはなりません。「リメンバー、ピカピカ磨き！」です。

国際交流で技術流出？

２つ目の事例に移りましょう。身内の話で恐縮ですが、一昨年に90歳目前で義父が亡くなりました。義父は、埼玉県川口市で働いた木型の職人で、75歳で引退するまでバリバリ仕事をこなしていました。

埼玉県川口市といえば、吉永小百合の出世作、映画『キューポラのある街』の舞台となったところ。「キューポラ」とは、銑鉄を溶かすための溶解炉のことです。溶かした銑鉄を鋳型という砂でできた型に流し込んで製品（鋳物）を取り出すわけですが、その型を作るために、取り出す製品と同じ形をした模型を木で作ります。

模型の周りを砂で固めたあと模型を取り出して砂に「型」を残すわけです。この模型のことを「木型」といいます。

こうして作る身近な鋳物として、水道の蛇口、マンホールの蓋、車のエンジンなどがあります。

1964年東京オリンピックで国立競技場のシンボルとされた聖火台。2020年東京オリンピック・パラリンピックに再利用しようという声が出ていますが、これも鋳物。川口市の鋳物職人、鈴木萬之助さん、文吾さん親子（ともに故人）らが製作したものです。

64年の東京オリンピックのとき、私は10歳。半紙に赤クレヨンで日の丸を塗った手作りの国旗を手に小学校近くの国道に並び、聖火ランナーを応援しました。いつ走ってくるのか、ドキドキしながら道の先を見つめていたのをよく覚えています。

話を鋳物に戻しましょう。

調べてみると川口の鋳物産業の生産額は、1990年のバブル崩壊前にくらべ、今は40％も少なくなっているようです。

現在の川口は、大きな鋳物工場だったところがショッピングセンターやマンションに替わってしまっていて、鋳物の町だったことは想像もできません。

2002年に廃止されるまで40年以上続いた、通称『工場等制限法』という法律のため、鋳物工場が川口市の外へ転出してしまったことが原因として挙げられますが、義父が口癖のように言っていた「時代の流れには勝てない」という言葉がどうしても私の耳から離れません。

バブル崩壊後の不景気により需要が低迷したことを始め、円高により海外から輸入したほうが安くなったり、そのため日本企業が海外に移転したり。さらには「安かろう悪かろう」であった中国を中心としたアジア鋳物企業の製品が「安くてよいもの」になってきたこともあり、まさに「時代の流れ」に翻弄され続けてきたことがわかります。

もう1つ、義父の言葉で忘れられないものがあります。それは「人手不足の解消だよ」というもの。

川口には「協同組合 川口鋳物海研会（かいけんかい）」（略称『海研会』）という組織があり、１９８１年の発足以来、中国やベトナムなど海外から毎年、研修生を受け入れています。

海研会の始まりは、１９８０年に「日中友好訪中視察団」に川口鋳物工業組合のメンバーが参加した際、研修生を受け入れてほしいと要請を受けたことにあります。海研会発足の目的の1つが「技術移転による社会貢献」であったというわけです。

もっとも、人手不足が深刻化していた時期、そういった問題を解決するためという動機も確実に存在したともいわれています（佐野哲「外国人研修・技能実習制度の構造と機能」一橋大学機関リポジトリ、２００２‐０１）。

これについて、私は長年、胸騒ぎを禁じ得ませんでした。善意の国際交流としても行われてきた、この取り組みが川口市の鋳物業の首を絞めることになってはいないかと。

実情について、川口市の大手鋳物会社の社長に話をうかがったところ、「問題ない」というのが開口一番の答えでした。

最大の理由は、外国人労働者が働く部署は、技術やノウハウに関わる部分ではないという点。言葉が適切ではないかもしれませんが、日本人がやりたがらない仕事を受け持ってもらうのだそうです。

さらに、材料、添加物、温度管理などさまざまなノウハウが詰まったレシピやデータなどは、限られた者しかアクセスできないパスワード付きのコンピュータで管理されているとのことでした。

ただ、外国人労働者を受け入れているすべての工場がこのようにしっかりと管理されているかといえば、その保証はなく、データなどが持ち去られる恐れはゼロではないでしょう。

社長の言葉で印象的だったのが、

「技術流出は鋳物工場のようなところで起こることは少なく、それよりもむしろ問題なのは、大手企業出身の高度な技術をもった技術者が海外へ渡ってしまうことですよ」

というものでした。

たしかに、新聞で騒がれるような技術流出事件は、いずれも社内で機密事項にアクセスし、それを理解できるレベルの技術者によるものです。

アルバイト感覚で週末ごとに韓国や中国などに技術を教えに行く技術者、高給で迎えられる元大手の退職技術者の話などは枚挙にいとまがありません。

つまり、秘密管理や技術者の処遇などについて、まずは大企業がしっかりとした対策を講じなければ、技術流出は防げない、ということなのです。私もまったく同感です。

義を捨て、利に走った日本企業

２０１４年6月23日、金融大手のオリックス株式会社（以下、オリックス）は、金型製造大手の株式会社アークを買収することを発表しました。これに対し各メディアは「大事な金型技術の流出を防ぐため」と異口同音に評していました。

「金型」とは、材料の塑性（そせい）（変形させたとき、そのままの状態を保つ性質）または流動性の性質を利用して、材料を成形加工して製品を得るための「型」のことをいいます。

たとえば、自動車のボディは金属板を金型の中でプレスして形作ります。スマートフォンの樹脂ケースなどは、熱で溶かしたプラスチック材料を金型の中に圧力をかけて押し出して作ります。これら以外にもゴムやガラスなどの材料も使われますが、それぞれ目的とする製品の成形加工用に使用されるものが金型です。だから、「金型は製品の産みの親」といわれるくらいモノづくりに欠かせないものなのです。

鋳物と同様、金型も日本のモノづくりの根幹を支えるもの、「魂」です。オリックスによる買収の背景には「技術流出を食い止めたい」というオール・ジャパンの強い思いがあったと、私も思います。

10年ほど前から、金型の「図面流出問題」がクローズアップされるようになりました。図面にはたくさんのノウハウが詰まっているので、これを流出させることは金型製造のノウハウそのものを流出させることになる、というものです。

金型は1つ1つ違う製品に合わせて作るものなので、別の製品に流用することはできません。四角い製品を形作るための金型では、丸い製品は作れないという理屈です。

この金型について、横田悦二郎氏の著書『金型ジャパンブランド宣言　世界に勝つモノづくり』(日刊工業新聞社)を参考に簡単に解説します。

金型というのは金属のかたまりですから、そう簡単にすり減って使えなくなってしまうものではありません。ですので、ある製品について金型を1回作ってしまえば、もう二度と同じものは作らないのではないか、と考えがちです。

ですが、たとえば家電製品や自動車部品のような比較的長い期間にわたって生産されるものについては、何回か金型の作り替えが行われます。

この作り替えた金型は「二番型」と呼ばれます。最初の金型は、作り直しや修正があったりするのであまり儲からないが、二番型は最初のものと同じものを作れば事足りるので儲けを出しやすいのです。

金型を発注する側もこの点を心得ているので、「最初は修正につぐ修正をさせて無理ばっかり言ったからな。次は儲けさせてやらないと……」という具合で、二番型の発注は最初に作った金型企業に対して優先的に行うなど、両者の良好な関係を保ってきました。

ところが、この良好な関係があるときから崩れ始めたのです。金型企業はノウハウの詰まった金型図面は外部には出さないのが常識でしたが、発注側に、

「自社でメンテナンスするから、図面を出してくれ」

と言われれば、渋々でも出さざるを得ません。「拒否したら、関係が悪化するかもしれない。取り引きを打ち切られるかもしれない」との思いからです。

もっとも当初は、金型図面はメンテナンスするためだけに使われ、外に出ることはなかったのです。

けれども、二番型、さらにそれ以降の金型を「もっと安く作りたい」と考えた日本企業は、こともあろうに金型図面を海外企業に渡し、安価で作らせるようになりました。

これがビジネスを行う上で正しい道だったのか？　私は正しいものとは思いません。

この状況下に慌てた日本の金型業界は、業界を挙げて阻止に動き、経済産業省も「金型図面

や金型加工データの意図せざる流出の防止に関する指針について」という文書を出した、という経緯があります。

話は飛びますが、子供のブロック玩具の代名詞となっている「レゴ」をご存知だと思います。いろいろな大きさがあって、ブロック同士をつなぐと、さまざまなものが作れるようになっています。

最初はどうやって作っていいかわかりませんが、サンプル図面を見ながら、ブロックを組み立てていくと、サンプルと同じものが作れます。最初は図面通りのサンプルしか作れませんが、慣れてきて、ノウハウがわかってくると、サンプルとは違う、自分が作りたいものが作れるようになっていきます。

金型のノウハウもこれと同じです。金型図面には、金型技術者が培ってきたアイデア（ノウハウ）がたっぷり詰まっているので、その金型図面自体は他の金型には使えなくても、サンプルとなる金型図面と触れているうちにいろいろな場面で使えるノウハウを身に付けることができるのです。

金型図面の流出は、日本の宝、知財の流出です。知財の流出は、確実に競争力の低下を招きます。

日本人が本来、大事にしてきた義を捨て、わずかばかりの目先の利に走った日本企業。二度と同じ過ちを犯さないことを祈らずにはいられません。

「便利」と「危険」の境界線

繰り返しになりますが、アイデアは「見せない、出さない、話さない」。たとえ親会社であれ、取引先であれ、「アイデア（技術）を見せてほしい」という要求に対しては、「ノー」と言う勇気をもたなければなりません。

アイデアを見せることは、預金通帳と印鑑を一緒に赤の他人に預けるに等しい行為です。知らないうちに財産が目減りし、やがて底をついてしまいます。

いや、預金通帳ならゼロ以下の残高にはなりませんが、教えたアイデアはやがて、開発者から仕事を取り上げ、貯金額の何倍ものマイナスとなって開発者、業界、さらには日本の首を絞めることになります。

日本人だからこそ磨き続けられ、大輪の花にすることができた匠の技はどんどん流出し、日本の優位性がますます失われていくことになります。

今の日本は、アイデア流出にあまりにも無頓着です。脇が甘すぎます。

前述の例以外にも、モノづくりの現場における危険な例はたくさんあります。

たとえば、後継者不足を解消しようと、匠の技術を数値化する研究が進められていること。技術を数値化したデータをソフトウェアに落とし込み、そのソフトウェアを使えば、工作機械に匠の技を再現させることができるという、いかにも現代的な考え方です。

難解な統計理論を知らなくても、エクセルを使えば回帰分析ができてしまうように、特別な技術を知らなくても、ノウハウをもたなくても、誰でもスイッチ1つで熟練技能者の作るモノと同じモノを作れるようになるというわけです。

他にも、「技術　承継　ビデオ」の3つのキーワードで、インターネット検索すれば、「製造業における技能継承、技術継承のためのビデオ制作」といったサービス群が簡単にヒットします。

モノづくりの現場において、熟練技術者の技術やノウハウを伝えるための映像制作が近年では盛んに行われているのです。

熟練技術者の仕事は、文章や写真では十分に伝わりません。でも映像なら、作業中の細かな手元の動き、工具を当てる角度、力の加減など、熟練ならではの技術を正確に、しかもインターネットなどで遠くにいる人にも伝えることができます。

熟練技術者が退職などにより現場を離れても、こうした「映像マニュアル」があれば、新人教育も支障なく行えます。今後もこうした動きは止まることはないでしょう。

果たして、みなさんはこれを「便利」と思いますか？　それとも「危険」と感じるでしょうか？

第5章

『知財コミュニケーション力』という武器

知財センサーをオンにする

ここまで、我々日本人の知財に対する脇の甘さを指摘してきました。

知財に関する話は決して他人事ではありません。仕事や環境が知財とは無縁なものであっても（知財と無縁な仕事も環境もない、と私は思っていますが）、知財を当事者のように考え、監視していかなければならない。それくらいの気構えを私たち一人ひとりがもち、大きな声にしていかなければ、この国の未来は危ういのです。

この危機的な日本の未来を明るいものに変える。そして、これまでいいように日本のアイデア（技術）をパクってきた者たちに逆襲するための第一歩が『知財コミュニケーション力』だと、私は思っています。

広い意味の『知財コミュニケーション』は「お互いの興味や利益のためにする、知財に関する情報交換」です。

「知財に関する情報」には、本書で書いてきた知財についての基礎知識や制度などが含まれます。そのような情報をもったうえで、互いの利益のために意見のやりとりをすれば、「頭で考えたお金儲けのためのアイデア」である知財を活発に創り出し、活用することができる。そのようなメッセージを込めた定義です。

前章で紹介した匠の技術を数値化する研究や、技術やノウハウを伝えるための映像制作を私はすべて否定するものではありません。

各々の現場に1人でも知財コミュニケーション力をもつ者がいれば、大事なアイデア、ノウハウをみすみす流出させてしまうような事態に陥ることなく、作業の効率化が図れるでしょう。すべては、知財コミュニケーション力にかかっているのです。

この本を手にし、ここまで読み進めてくれたあなたなら、知財コミュニケーション力を身に付けることはそう難しくないでしょう。

今、この瞬間から、あなたを取り巻く「知財」を意識してみてください。

外出前に見たテレビなどで「今日のラッキーカラーは、赤」といわれると、すれ違う人の赤いネクタイや、赤い車、看板の赤い文字など、街でその色ばかりに目が行くという経験を一度はしたことがあると思います。

このことを心理学の世界では「カラーバス効果」といいます。「色を浴びる」という意味ですが、色だけでなく、情報や知識だって同じこと。

知財を意識するだけで、あなたの中で眠っていた「知財センサー」がオンになり、あなたを取り巻く知財情報が目に、耳に入ってくるようになります。

そこには、きっとこれまでとは違う世界が広がっていることでしょう。

知財としての東京五輪エンブレム問題

たとえば、2020年東京五輪の公式エンブレム問題。あのとき、「どう見ても盗作だろう」と思った方が大多数だった中で、知財やデザインの専門家の多くは「盗作とはいえない」と発言していたのを覚えていませんか？　私も同意見です。

あれは、単なる身内擁護ではなく、まさに知財コミュニケーション力があるからこその見解だったのです。

公式エンブレム（以下、五輪エンブレム）が、ベルギーのリエージュ劇場のロゴ（以下、リエージュロゴ）に似ていると指摘されました。

なるほど部分的には「似ている」と見ることもできましたが、似ているか似ていないかは「全体で見るべき」場合もあり、本件はその場合に該当します。

旧2020年東京オリンピックロゴ(左)とリエージュ劇場のロゴ

両者のホームページから引用

「4色と白抜きモノトーン」「小円の有無」「大円に囲まれているかいないか」など、これらの違いは見る者に異なった印象を与えるのに十分なインパクトがあると思います。だから私は、自信をもって「似ていない」と思っています。

著作権を認めてもらうには、ロゴにオリジナリティ(創作性)が備わっていなければなりません。ありふれた図形の組み合わせであっても、その組み合わせ方が意外なものであれば認められる場合もありますが(新公式エンブレムがこれに当たります)、よく知られた形状を、誰でも行うようなありきたりの手法で組み合わせただけでは、オリジナリティを認めてもらうことは難しい。

つまり、著作権を認めてもらうためには、

合字の実例

L + T = − ' =

「L」と「T」の合字

L + ˥ =

「L」と「˥」(逆L)の合字

ロゴの創作前に世の中に存在したデザインと比べてのオリジナリティが必要なのです。

　この点に鑑みて、リエージュロゴを見てみると、ステンシル書体の合字（リガチャー）をベースにしています。

「ステンシル」とは、型紙を切り抜き、その穴の部分から絵の具などを紙につける技法のことです。

　リエージュロゴはいろいろな見解はありますが、図に示す通り、私は「L」と逆さ「L」の合字がベースと解釈しています。

　いずれにしろ、リエージュロゴのベースとなる部分は、よく知られたステンシル書体を、誰でも行うようなありきたりの「合字」という手法で組み合わせただけのもの。そこに創作性を見いだすことは難しく、「著作権は認められない」ということになります。

ゆえに、五輪エンブレムには、少なくとも「著作権の問題はない」という結論になるのです。

蛇足になりますが、「著作権」と「商標登録」とは別物です。商標権も著作権も、文字や図柄などについての権利である点で共通しています。しかし、商標権が「登録しなければ発生しない」のに対し、著作権は「登録なしで発生する」という大きな違いがあります。

商標登録は「商品」「サービス」と必ずリンクしている点にも違いがあります。たとえば商標『ＰＲＩＵＳ』はトヨタの自動車の名前、すなわちトヨタだけの商標だと思われるでしょうが、それは「自動車」についてだけです。

実は日立も同じ商標『Ｐｒｉｕｓ』を、「電子機器」について持っています。同じ商標であっても、違う「商品」や「サービス」にリンクさせてあれば、違う商標となるのです。

対して、著作権は「商品」「サービス」とは無関係。たとえば、ドラえもんの絵を車のボディーに描く、パソコン（電子機器）の広告に使用する場合、許可を得なければ著作権侵害になります。

また、商標はオリジナリティがあるなしにかかわらず登録されますが、リエージュロゴは商標登録されていませんでした。だから、「商標権の問題もない」ということになります。

「文字にはそもそもオリジナリティがない」という判断がされた裁判例をご紹介します。次頁の２つのロゴを見比べてみてください。

ロゴのオリジナリティ

アサヒグループのロゴ　　別企業のロゴ

左のロゴは、「スーパードライ」などでおなじみのアサヒグループのロゴです（ちなみに、商標登録されています）。右のロゴはアサヒグループとはまったく関係ない企業のロゴです。似ていますか？　それとも似ていませんか？

アサヒグループが右のロゴを「似ている」として訴えた件で、高等裁判所は「両者は最初の３文字『Ａｓａ』の部分は類似するが、全体は非類似である」と、判断しました。

そして、著作権については「文字の字体を基礎として含むデザイン書体の表現形態に著作権としての保護を与えるべき創作性を認めることは、一般的には困難であると考えられる」として、これを認めませんでした。

また、タイプフェイス（文字デザイン）の開発で業界をリードしていた株式会社写研と株式会社モリサワが、お互いに相手の書体が「自社の著作権の侵害だ」として裁判を起こしました。

最高裁まで争われた結果、「どちらのタイプフェイスにも著作権が発生していない」、ゆえに「どちらもシロ」であると判

株式会社モリサワ

株式会社写研

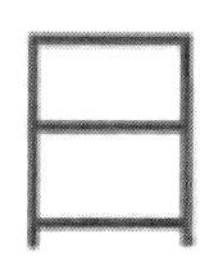
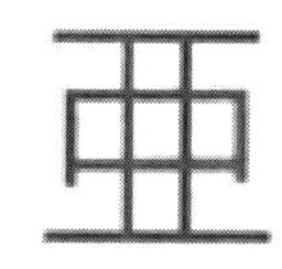

大渕哲也ほか『知的財産法判例集』（有斐閣）から引用

断されました。

従来のタイプフェイスに比べてオリジナリティが足りないし、美術鑑賞の対象となるほど美的特性がないと、最高裁が判断したということです。

また最高裁は「一般論として、少ししか違わない無数のタイプフェイスに著作権が発生すると、権利関係が複雑になって混乱を招くから好ましくない」という判断も示しました。

ところで、言うのは簡単ですが「オリジナリティ」とは、いったいどういうことでしょうか？　私は「誰も一度も見たことがないものを見せる」ことではなく、「見たことがあるものに加え、新たな工夫がそこにある」ことではないかと考えています。

そして、著作権の判断においては、その「工夫」の程度が問題となるのです。先のタイプフェイスについて裁判所は「足りない」と判断しましたが、みなさんだったらどう判断しますか？

一般人の感覚と、法律に基づいた裁判所の判断には違いがあること、東京五輪エンブレム問題で、知財やデザインの専門家が「似ていない」と言った意味が少しご理解いただけたのではないでしょうか。

これで、また1歩、あなたの知財コミュニケーション力は前進しました。

右脳を味方につける

知財の入門書をお読みになったことはありますか？　本屋さんの専門書コーナーにいくと、『手にとるようにわかる知的財産』『図解でわかる知財』『やさしい知的財産入門』などといったタイトルの本がたくさん並んでいます。

似たような本が毎年出されていることから、知財本には一定数の読者がいるものと思います。ところが「知財がよくわかった」という人には滅多に出会えません。

なぜでしょうか？

著者自身はやさしく書いたつもりでも、読者にはその意味が伝わりづらい点が多々あるからだと思います。「入門書」のわりに、最初から壁が高すぎるのです。

ページをめくると、たとえば特許の話なら、いきなり「技術的思想」などから始まり、「優先権主張」「出願審査請求」「拒絶査定」「拒絶査定不服審判」……といった専門用語がゴロゴロ出てきます。これでは素人が尻込みしてしまうのも無理ありません（本書がそうなっていないことを祈るばかりです）。

現実的な話をすれば、読者にも特許公報や専門用語の基礎知識がある程度なければ、知財の仕組みを正しく理解することはできません。

とはいえ、私はこう思うのです。

最初から専門家レベルの力をつける必要なんてない、と。

アスリートになぞらえてみましょう。夢はオリンピック出場にあっても、最初から強化選手の仲間入りはできません。まず、市内大会で優勝し、県大会に出ることを目指します。

県大会に出ると、いつもの練習試合などでは出会えないチームや選手に触れて、さらにモチベーションが上がります。

県大会で勝ち残れば関東大会のような地区大会へ、そして全国大会を目指します。全国大会に出場し、活躍できれば、強化選手への道が見えてきます。オリンピック出場という夢がグッと近づいてくるわけです。

知財コミュニケーション力だって、このように段階を踏んでレベルアップして行けばいいのです。

知財コミュニケーション力をつけるために、最初から専門書を読むことはおすすめしません。人間の脳のうち、左脳は物事を考えるときに使い、右脳はイメージを膨らませるときに使うと言われています。左脳は理性的、右脳は感覚的、とも言いますね。

知財の専門書を読もうとすると、左脳ばかりが使われ、感覚的なもの、たとえばワクワク感といったものは働きづらくなります。知財の専門家になるために「絶対にこの知識が必要だ！」となれば、それでも必死に読み進めるでしょうが、ちょっとした興味を満たすためには、ワクワク感は必要不可欠です。

そこで、おすすめしたいのが小説のようなエンターテインメント。ドラマも大ヒットした池井戸潤さんの『下町ロケット』のような、特許を題材にした小説は入門書にはもってこいでしょう。私も東京農工大学での知財戦略論の講義や、商工会議所主催の講演会などのテキストとして活用させてもらっています。

ただ、小説はあくまでも小説なので、専門家から見ると、「実際とは違うな」と思うところもないわけではありません。そういった点も踏まえつつ、ワクワクしながら小説を読めれば、知財が徐々に身近なものになってきます。専門用語もなんとなく理解できるようになったレベルが市内大会だとすれば、次は県大会レベルです。

県大会レベルとは何か？　それは『知的財産管理技能検定』です。

お買い得な国家資格、いりませんか？

『知的財産管理技能検定』とは、その名の通り、知的財産を管理する技能の検定試験のことです（以下、「知財検定」）。合格すれば『知的財産管理技能士（知財技能士）』という国家資格がもらえます。

３級が入門者レベル。２級、１級と、級が上がるに従って、難しい内容になっていきます。この知財検定３級に合格する力があれば、県大会レベルの知財コミュニケーション力が身に付いたといえます。すなわち、専門家との間でハイレベルな知財コミュニケーションを行うことができるレベルです。

試験は学科と実技があり、不合格でもどちらか一方は合格していた場合（一部合格）は、２年以内であれば合格できなかった科目のみを受検することもできます。

現在、３級の合格率は70％。３級には受検資格もありません。誰でも何歳でも、受けることができます。

こんな言い方をしては問題かもしれませんが、なかなか「お買い得な国家資格」だと思います。

検定を実施している知的財産教育協会のホームページには、３級のレベルがこんなふうに記載されています。

「知的財産管理に関する業務上の課題を発見し、大企業においては知的財産管理の技能及び知識を有する上司の指導の下で、また、中小・ベンチャー企業においては外部専門家等と連携して、その課題を解決することができる技能及びこれに関する初歩的な知識の程度」

ここまで本書を読んできたあなたなら、「知的財産管理に関する業務上の課題」というものが、遠い世界の、自分とはまるで無関係な物事とは思わなくなっているはずです。

さらに、この記載の重要なところは「業務上の課題を発見し」とされているところ。知財コミュニケーション力がないときは、気づきもしなかった課題があなたのビジネスや周辺にいくらでも転がっているのです。

ビジネスで手痛い損失を出す前に、上司も職場の誰もが気づきもしないうちに、あなたがその課題を発見できたなら……？

どうでしょう？　今とは違う世界が広がっていきそうな気がしませんか？

さらに、今はまだ知財技能士は数少ない状態です。裏を返せば、少しでも知財コミュニケーション力がある人間は「自分以外は課題が発見できない人間だらけだ」とタカをくっています。

そこへあなたが「知的財産管理技能士」という文字の入った名刺を差し出したらどうでしょう？

「あ、これは知財に関する専門家だな」と相手は思います。大切なアイデアを流出させず、しっかり守れる人。下手にだまされたりはしない人。

相手が取引先だとしたら、ピリリとした空気が流れるでしょうね。

また、相手が銀行ならば「知財技能士がいるなら、手堅い会社だ。信頼できる会社だ」と思ってくれるでしょう。

実際に、３級を取った人から、

「取引先の人や金融機関の担当者と会ったとき、この名刺が役に立っているのを感じる」

という言葉を多数聞いています。

知財検定には、メリットがある。私は胸を張って言うことができます。

もし、あなたが経営者なら

もし、あなたが経営者なら、あなた自身が『知財検定３級』を受けることを私は諸手を挙げて賛成しますが、一方で、社員に受検させることも検討してください。

あなたの会社に知財コミュニケーション力をもった社員がいることになれば、あなたの会社の知財レベルが一気に上がります。

会社内部でのアイデア創出やその取り扱いなどについて、驚くほどのレベルアップを感じることでしょう。

社員全員とまではいいませんが、1部署に最低1人を配置できれば、レベルはさらに加速度的にアップすること請け合いです。

私が受検をすすめ、3級に合格したある会社の社員は、その合格証書のコピーを田舎のご両親に送ってあげたそうです。「ウチの息子もしっかりやってるな」と、国家資格の合格証書を見て喜ぶご両親の顔が目に浮かぶではありませんか。

「社長が取ることをすすめてくれたんだよ」

「いい社長さんだねえ、いい会社に入ったねえ。そのぶん、しっかり働きなさいよ」

そんなやりとりまで聞こえてきそうです。

実際、知財検定の勉強を始めた頃から、その社員による知財の扱いの変化には目を見張るものがあり、確かな手応えと成果が得られるようになったこと、知財業務だけでなく業務全般に対するモチベーションもグッと高まったということを、社長さんからお聞きしました。私にすれば「わが意を得たり」というところです。

もし、あなたが会社員なら

もし、あなたがどこかの会社にお勤めで、その会社に知財技能士がいないのなら、上司や社長に、この知財検定とその効能を教えてあげてください。

最初は取り合ってくれないかもしれませんが、しつこく、正しく伝えれば、「そこまで言うなら、君が最初に受検してきなさい！」などと言ってもらえるかもしれません。そうしたら、会社のお金で国家資格を手に入れることができます。

手にした国家資格は、一生涯なくならない「あなた自身のもの」になります。場所も取らず、重くもありません。持っていて損することもリスクを負うことも絶対にありません。

あなた自身のために、そしてそれが会社のためにもなります。取らない手はないと思いませんか？

知財技能士になったあなたには、もしかしたら「わが社も知財業務に本腰を入れるので、その責任者になってくれ」という話が持ち込まれるかもしれません。そうしたら、その話を喜んで受けましょう。やり甲斐がありますね。チャンスが来たなら、逃げることなくチャレンジしてください。

もし、あなたが学生なら

もし、あなたが学生なら、就職のことが心配なはずです。私の講義に出ている学生たちからも、そんな相談をたくさん受けています。

ご存知でしょうか、『日経キャリアマガジン2012』によれば、『知財検定3級』は『入社3年までに必要な資格ランキング』のなんと「4位」にランクインしていることを。

ちなみに1位はIT応用に関する『応用情報技術者』、2位は不動産取引に関する『宅地建物取引士』、3位はIT基礎に関する『基本情報技術者』、1つ下の5位は英語力に関する『TOEICテスト650』です。

記事のタイトルは「入社3年までに」となっていますが、もちろん学生のうちに取っておけば、業種・業態・業界・業務に関わりなく、就職に有利となることは間違いありません。

会社に就職したら、知財コミュニケーションの担い手として、きっと頼られる存在となることでしょう。

知財技能士社員を強みに、世紀の大ヒット

「そこまで、うまい話があるのかなあ？」とお思いかもしれないみなさんに、ある事例を紹介しましょう。

みなさんは「ネジザウルス」という言葉を聞いたことがありますか？

ご存知ない方は、ネットで検索してみてください。出てくるのは恐竜ではなく、ペンチのような工具です。これが優れもの。溝がつぶれたり、錆付いたりしてドライバーでは回せなくなったネジを回して外すことのできる専用工具です。

年間「1万丁も売れれば大ヒット」という工具業界の常識を打ち破り、なんと累計２５０万丁を売り上げ、今も売れ続けています。

そんな商品『ネジザウルス』を作っている会社、株式会社エンジニアは従業員が30名の会社です。

「そんな小さな会社で、そんなすごい商品を？」と思われるでしょうか？　もっと驚いてください。30名の社員のうち、なんと18名が知財技能士なのです。そのうち、同社社長の髙崎充弘氏を含む４名が２級、14名が３級ホルダーです。

髙崎氏はそんな自分の会社を「中小企業で一番知財技能士が多い会社」と称しています。

髙崎氏は『「ネジザウルス」の逆襲　累計250万丁の大ヒット工具は、なぜ売れ続けるのか』（日本実業出版社）という書籍を上梓され、その中で「MPDP理論」という独自の経営理論を紹介されています。

「MPDP理論」とは、「Marketing」「Patent」「Design」「Promotion」の頭文字をとったもの。商品がヒットするには、「マーケティング」「パテント（特許）」「デザイン」「プロモーション」の4つの要素のどれが欠けてもいけないこと、そのバランスも重要であることを示すものです。

MPDP理論について髙崎氏は、素人をスターに育てるまでのステップに言い換え、次のように説明しています。

M＝オーディションやスカウトなどで、将来のスターの卵（商品やサービスのニーズやウォンツ）を探す。

P＝金の卵らしき子が見つかったとしても、他のプロダクションとの契約が水面下で進行中かもしれないし、個人的な問題を抱えているかもしれないので、まずはしっかりと身辺調査（先行技術調査）を行う。その上で問題がない場合に、専属契約を結ぶ（特許出願を行う）。

Ｄ＝契約も交わしたが、どうも方言が抜けない、踊りがぎこちない、音感が……、などといった問題があれば、一流の講師、スタッフを組織し、プロジェクト化。スターの卵を磨き上げる（デザインの洗練化、ときに意匠登録出願を行う）。

Ｐ＝歌、踊り、演技などをバッチリ身に付けても事務所に置いておくだけでは、誰にも知ってもらえない。テレビ、ＣＭ、雑誌などに登場させて売り出す（ヒット商品化するための宣伝戦略）。

以上、４つの要素は知財技能士社員がいることで、より活発に、円滑に、高水準で行うことができます。

髙崎氏に直接聞いたところ、

「ヒット商品を出すためには、知財に対する取り組みがとても重要で、知財検定で勉強した知財の基礎知識がそのためにとても役立った」

とのことでした。

知財技能士ならではの目の付けどころ、勘の働かせどころが、ネジザウルスのヒットにつながったといって差し支えないでしょう。ちなみに、ネジザウルスには、特許権、意匠権、商標権の防護服が着せられています。知財のプロフェッショナルである髙崎氏らしい戦略がそこには見えます。

これは私の推測ですが、特許権や意匠権で守っているのは、ネジザウルスの外見的構造。それを精度よく効率よく大量に生産する生産技術・生産ノウハウは、特許などから知ることはできません。

同業他社が頑張ってネジザウルスの類似品を作ることができたとしても、スムーズに大量に生産することができなければ、ネジザウルスのライバルとして登場することは難しく、結局ネジザウルスにかみ殺されてしまうわけです。次の章で詳しく述べますが、ネジザウルスの特許は攻めるべきところは攻め、守るべきところはきちんと守られている、ということができます。

加えて、私が何より感銘を受けたのは、「パテント」と「デザイン」が「マーケティング」と最後の「プロモーション」に挟まれていることです。つまり、「パテント」と「デザイン」という知財の保護だけで終わらず、それらを「マーケティング」と「プロモーション」という商品の拡散とリンクさせている点です。

特許を取るだけでは、ビジネスにはならない、儲からない。アイデアを「見せない、出さない、話さない」でしっかり守り、商品化したのならプロモーションで地道に拡散していく。

髙崎氏の成功例は工具業界におけるものですが、この「ＭＰＤＰ理論」はさまざまな分野に応用できるものです。

専門家がやるべきこと

みなさんが頑張るのと同様に、私たち専門家にもやらなければならないことが山積しています。

知財の分野に限った話ではありませんが、専門家と素人が相互に交流し、意見を交換し合うことは、口で言うほど簡単なものではありません。だからといって手をこまねいていては前に進めない。

そこで私は『知財コミュニケーター』として、両者間の橋渡し役を果たそうと思いました。「はじめに」で述べた通り、『知財コミュニケーター』とは、私のオリジナルの肩書きです。

知識ゼロの人が一気に10を知ることは不可能に近い。けれども、知識５の人が10を知ることはそれほど難しいことではありません。

だから、非専門家の人たちはとりあえず知識５まで頑張ってください。知識５とは、この本に書かれていることをひと通り理解できているレベルです。

この本を書くにあたって、私は自分がこれまでクライアントにしてきた知財に関する説明がどれだけ専門用語ばかりでわかりづらいものだったのかと思い知りました。

これからは、それではいけない。

弁理士であり、『知財コミュニケーター』であるという自覚を強くもつ。私以外にもそんな弁理士仲間を増やしていく。それにより、知財コミュニケーションは飛躍的に円滑になっていくことでしょう。専門家側の人間として、私も努力します。非専門家側のみなさんも、少しその気になってみませんか?

第6章

アイデアの「絶対領域」で勝利をつかめ！

オープン・クローズ戦略

前章で終わりにしてもいいのですが、それだと本書のタイトルである『レシピ公開「伊右衛門」と絶対秘密「コカ・コーラ」、どっちが賢い？』の答えを出さないままになってしまいます。

この章では、次の段階、アイデアを守るだけでなく、攻めに転じるための一手、つまり「特許をいかに戦略的に、有効に使うか」についてお話ししたいと思います。

少々専門的な話になってしまいますが、もう少しだけお付き合いください。

これまでなんだかスッキリしない裁判や、外国企業にまんまとしてやられた話など、特許に関するデメリットを強調し過ぎたかもしれません。

でも、この章でご紹介するのは知財コミュニケーション力を利用し、攻めて、素晴らしい勝利を手にした成功例ばかり。思う存分、スカッとしていただけることと思います。

そんな本題に入る前に……。

あまりに唐突で恐縮ですが、「チラリズム」という言葉を聞かれたとき、みなさんはどのように反応されますか？　「チラリと見えるエロティシズム」を短くした言葉ですが、今はあまり使われないそうですね。

その代わりに使われているのが「絶対領域」という言葉だそうです。狭義では、ミニスカートとひざ上ハイソックスの間に見える太ももの部分を指すものだとか。

要するに、露出部分はわずか15cmほどと、「パンプスにミニスカート」などにくらべて、格段に少ないのに、それが最大限に魅力的に見える、というわけです。

聞けば、「太ももが見えればいい」というものではなく、「どのくらい見えるか？」が、絶対領域の重要条件とする考えもあるそうで驚きました。

さらに、服は黒やグレーのような「素肌と対比する色の濃いものがよい」とされ、絶対領域を極限まで引き立てるために「それ以外の箇所の露出は極力少なくするのがよい」とされているとまで聞けば、その姿勢に脱帽するしかありません。

でも、この考え方は知財にも共通します。

知財には絵画、音楽、映画、小説といった「表現すること」そのものに意味があるものもありますが、うなぎ屋さんの「秘伝のタレ」やラーメン屋さんの「門外不出のスープレシピ」などのアイデアもあります。

後者の共通点は「味わえるけど、作り方はわからない」ところ。つまり、見せるところと見せないところが厳然と分けられているから、商品がより魅力的に見えるし、真似されづらいので競争力が保てる、というわけです。

絶対領域の太もものように、「もっとも魅力的に見える部分だけを最小限、戦略的に見せる」。この手法を取り入れることで、大切なアイデアをただ厳重に金庫に隠しておくだけではなく、最大限有効に使うことができる。この場合の「有効」とは、「お金になる」ということです。

知財業界では、この一手を「オープン・クローズ戦略」と呼びます。経済産業省が発行した『ものづくり白書2013』では、この「オープン・クローズ戦略」が推奨されました。

アイデアを他者に使わせることを「オープン」といい、使わせないことを「クローズ」といいます。

「オープン」は、アイデアを公表して自由に使わせること、自分の特許をライセンスして他者に使わせること、などを意味します。

一方、「クローズ」は、アイデアを秘密にしておくこと、自分の特許を他者に使わせないことなど、「オープン」とは真反対となります。

ここまで何度もお話ししてきたように、特許を取れば自動的に、そのアイデアを誰も使わなくなる保証があるわけではありません。

でも、私が提唱するアイデアの「絶対領域」は、真似されたくない大切なアイデアを「見せない、出さない、話さない」という方法でしっかりとガードし、見せてもよい部分のみを最低限見せ、最大限の効果を得る、という方法です。

アイデアの「絶対領域」をもつことで成功した例をいくつか見ていきましょう。

ポッキーが半世紀も勝ち続けている理由

２０１５年は、グリコのポッキーが生まれて50年目の記念の年だったそうです。チョコレート菓子の草分け的な存在として、もう半世紀の歴史があるのですね。

ポッキーの特徴を挙げるとすれば、チョコレートがかかっていない「持ち手部分」とおっしゃる方が少なくないと思います。手を汚さずに食べられるから、たとえば本を読むときなど、とてもいいですよね。

グリコ広報部によると「ソースにひたして食べる串カツ」をヒントにポッキーの持ち手を考えたそうです。なるほど、ソースの部分がチョコレートにあたるわけですね。さすがは大阪の企業です。

まっすぐに焼かれたポッキーのスティック部分を商品サイズにカットしてから、持ち手部分を残してチョコレートでコーティングするとのことですが、これを大量生産の中で自動化するのは、ものすごく高度な技術が必要となります。

スティック部分のあの細さを考えてみてください。力を加えればすぐに割れたり欠けたりしてしまうことは簡単に想像できるでしょう。

この高度な技術を伴った製造設備は、社外のメーカーに頼んで作らせたものではなく、グリコが自社で独自に開発したものだということです。

不良品を出さず、おいしく、効率よく生産していくための改良が何十年にもわたって重ねられてきた、いわば「アイデアのかたまり」の設備。設備を正常に稼働させるためのノウハウをもった人材も欠かせなかったことでしょう。

ここで大事なのは、設備やノウハウが門外不出となるよう、徹底して管理されてきたことです。

当然、特許なども出願せずにきたのでしょう。もし、製造方法で特許をとっていたら、ポッキーの類似商品がもっとたくさん世に出回っていたはずです。その理由は……、おわかりですよね？

ポッキーの作り自体は一見すればわかりますから、模倣品を作ることは簡単に思えます。でも、模倣者がその製造設備を独自に、一から開発するのは至難の業です。不可能とはいいませんが、長い時間と多額の費用が必要となるでしょう。

その苦労と費用をもってしても、おそらくポッキーを凌駕するようなものは作れない。「苦労して模倣するだけムダ」と思わせられたことが、誕生から50年、ポッキーが勝ち続けられている理由といえます。

ポッキーという形状は見せるけれども（オープン）、製造設備、製造方法を門外不出、「見せない、出さない、話さない」にした（クローズ）。ポッキーの勝利はいわば「オープン・クローズ戦略の勝利」といえるのです。

現在、埼玉県にあるグリコの工場見学施設『グリコピア・イースト』には「ポッキーストリート」と呼ばれる見学路があって、そこからガラス越しにポッキーの製造工程を見学することができます。

とはいえ、ある工程部分にはしっかりと赤い幕が張られ、見えないようになっています。その工程部分とは？

「持ち手部分」を残しながら、均一にチョコレートでコーティングするところ。

そこでは、いったいどんな技術が使われているのでしょうか？　同業者ならきっと、喉から手が出るほどに知りたいことが幕の向こうで行われているのです。

同業者だけではありませんね。隠されたら、知りたくなるのが人情というもの。「どんなふうになっているんだろう？」と俄然、興味をかきたてられますし、「何気なく食べていたポッキーにそんな秘密の技術が使われていたんだ！」という、新鮮な驚きを見学者に与えることができます。

それにより、ますますポッキーが好きになり、その話を聞いた家族や友人も「へーっ」と感心し、ポッキーのファンになる。

ポッキーにおける「オープン・クローズ戦略」はみごとに成功しているのです。

ＡＺＯ色素という「秘伝のタレ」

三菱化学も「見せない、出さない、話さない」を徹底した「秘伝のタレ」で大儲けしました。

この「秘伝のタレ」とは何かというと、ＤＶＤの製造に必要な「ＡＺＯ色素」という化学材料のことです。

ＡＺＯ色素を使ってＤＶＤを安く大量に作るノウハウの開発に成功した三菱化学は、その製造法の採用を台湾やインドのメーカーに積極的に働きかけました。「製造法を教えてくれるならラッキー！」と言ったかどうかまでは知りませんが、各国のメーカーは喜んで話に乗ってきました。

世界中のどこでも同じものが手に入るように製品の構造・性能や技術の規格を統一した標準のことを「国際標準」といいます。Ａ４、Ａ５といった紙のサイズや、インターネットの通信方式などは国際標準化されたものの典型例です。

自社のアイデアが国際標準に採用されることは、ビジネスを世界規模で有利に展開できるということ。国際標準の商品を作ろうとする世界中の誰もが、そのアイデアを使わなければならないことになるのですから。

それほどの〝旨み〟がある国際標準は、国や地域の代表者の話し合いによって決められます。当然、現場は自分たちのビジネスが有利になるよう、あらゆる権謀術数が渦巻き、あちこちで火花が散らされているのだそうです。

どれだけの火花が散らされたかはわかりませんが、ＤＶＤにも国際標準が定められました。その国際標準こそが、三菱化学が開発したＡＺＯ色素を組み入れた製造法で作られたＤＶＤだったのです。

三菱化学が独自に開発したＤＶＤの製造法、門外不出のノウハウを教えてでも、諸外国のメーカーを仲間に引き入れた目的はそこにありました。

もちろん、ＤＶＤの製造法を教えても、ＡＺＯ色素の製造法は教えていません。ラーメンスープの出汁の取り方は教えても、そこに加える醬油ダレの作り方は教えない。ＡＺＯ色素は三菱化学だけの「秘伝のタレ」であり続けたのです。

ＡＺＯ色素に代わるものは、世界中どこを探してもありません。国際標準に合わせたＤＶＤを作ろうとするメーカーは、ＡＺＯ色素を三菱化学から嫌でも買わなければならないのです。値段競争の必要がない三菱化学は「言い値で売れる」というわけで、笑いが止まらなかったはずです。

ＡＺＯ色素の製造法を「見せない、出さない、話さない」（クローズ）とした三菱化学にとって、ＤＶＤ製造法は「絶対領域」（オープン）。見せていいところだけ見せることで、各国メーカーを引きつけ、厳しい国際標準競争に勝利したのです。

ミドリムシの成長が人類を救う

ミドリムシなんて、小学校の理科のときに習った程度の記憶しかありませんよね。でも、よくよく調べてみると、ミドリムシは「ムシ」ではなく、小さな藻（水中にはえる草）の一種で、光合成を行う植物的性質と「すじりもじり運動（くねくね運動）」をする動物的性質を兼ね備えたユニークな生物だということがわかりました。

野菜や魚などに含まれるビタミン、ミネラル、アミノ酸、ＤＨＡ、ＥＰＡなど、59種類もの栄養素をもった、私たち人類を救ってくれるスーパー素材だそうです。

しかし、「培養がとても難しい」という欠点がありました。

それをみごとに解決し、世界で初めて「ミドリムシの屋外大量培養」に成功した会社が、株式会社ユーグレナ（以下、ユーグレナ社）です。

２０１５年12月3日の日経新聞全国版に、全面広告が掲載されました。「国産バイオ燃料計画、動き出す。」の大きな見出しとともに、ＡＮＡの旅客機、いすゞのバスを背に立つ６名の人物の写真。その下には「２０１８年、バイオ燃料プラントを横浜市で稼働。そして２０２０年までに、日本初のバイオジェット燃料での商用フライトを実現させる。株式会社ユーグレナはこの大きな挑戦に、４社１自治体の協力を得て取り組むことになりました。」と書かれていました。

ユーグレナ社のサイトによると、大量培養技術で特許を取っていません。その理由がこちら。

「特許にするためには、どのように培養するか、ということを細かく記載する必要があり、それが公開されることになってしまいます。もし、誰かがそれを真似てミドリムシを培養し始めたとしても、我々はそれが我々の技術で培養したのかどうかについて確認することができません。よって、特許化せずに秘匿情報化する手法をとっています」

この回答を見たときの、私の喜びをわかっていただけるでしょうか？

こうした考え方をもち、自分のアイデアをしっかり守り、また利益化することもできる開発者の登場を、私は長年、待ち望んでいたのです。

ユーグレナ社は見学など、研究所への第三者の立ち入りも厳しく禁じています。こうしてミドリムシの大量培養技術については「見せない、出さない、話さない」を貫き（クローズ）、ミドリムシの活用方法や機能性については「絶対領域」（オープン）を設定して、優位性を確保しています。

ユーグレナの事例は、技術の特許化というものが両刃の剣であることを十分に理解したうえで、上手に技術をクローズすれば特許に頼らずとも効果的に競争力を保てることを示しています。

もちろん業種や業態によって事情は様々ですが、多くの企業の経営者は、この事例からいろいろなことを学んでいただきたいと思います。

一方、日本の大手環境プラントメーカーである株式会社神鋼環境ソリューション（以下、神鋼環境）は、２０１５年11月13日付で、食品原料用『ユーグレナ』の製造・販売開始に向け、食品製造業の「営業開始届書」を神戸市保健所へ提出し、「届出済証」を受領したことを発表しました。『ユーグレナグラシリスＥＯＤ－１』が、神鋼環境が培養したミドリムシの商品名です。

神鋼環境の『ユーグレナグラシリスEOD－1』は、ユーグレナ社のミドリムシの競合品になるかもしれませんが、それは技術アイデアが真似された結果ではありません。

神鋼環境の培養は屋内の培養槽の中で行うもので、屋外で培養するユーグレナ社の培養方法とは違うからです。ユーグレナ社は屋外培養の方法について特許を取っていませんが、特許を取っていたとしても、違う方法で培養する神鋼環境の進出を止めることはできないことがおわかりだと思います。

これはミドリムシというものが「競合するほどの商品に成長した」、ある意味、喜ばしい事例ではないかと思うのです。

その成長の要因がまさに「オープン・クローズ戦略」。ミドリムシにおける「オープン・クローズ戦略」が私たち人類を救うのかもしれません。

戦略的だった「おじいちゃんのノート」

「中村印刷所」という名前を聞いたことがありますか？「水平開きノート」はどうでしょう？　まだピンときませんか。では、「おじいちゃんのノート」にしましょう。これなら知っている方もいると思います。

ノートを開いたとき、普通は真ん中の綴じ目が小山のように膨らんでしまいます。これを開いたときに真っ平らに、水平になるよう開発されたのが「おじいちゃんのノート」です。

通常のノートに比べ、価格は少々高いですが、たしかに書きやすく、コピーやスキャンなどもきれいにとれて、便利です。

この「おじいちゃん」こと中村輝雄さんは、2年間の試行錯誤の末、このノートを開発し、特許も取りました。ですが、倉庫がいっぱいになるほどの在庫を抱えて困ってしまった時期もあったようです。特許を取ったからといって必ず売れるわけではないことが、このことからもわかります。それが売れるようになったきっかけは、中村さんのところで働く職人さんの孫娘さんのツイートでした。

と、ここまではインターネットを検索すれば手に入る情報です。「特許」と聞けば血が騒いでしまう、慢性職業病の私は、早速その特許を調べてみました。それは「ノートの作り方」についての特許でした。

ノートを作るとき、紙同士を貼り付けるためには接着剤が必要ですが、どのような接着剤を使うかについては、特許公報に詳しく書いてありません。

どのような接着剤をどの割合で配合し、どのくらい塗布し、どのようにどのくらいの時間で乾燥させるのかという「ノウハウ」はしっかりと秘密（クローズ）にしているようです。

情報を集めたところ、中村さんは東京・多摩地区にある中堅の印刷屋さんと契約して、その会社にだけノウハウを教えたようです。なぜなら、中村印刷だけでは生産能力が足りず、それを補うためでした。この作戦は見事に当たり、大きな受注にも応えられるようになり、さらに大きな受注の呼び水になっているとのこと。

賢明な読者のみなさんは、もうお気づきですね。水平ノートは市場に出れば、どのように作るかはある程度まではわかってしまいます。その道のプロが見れば簡単に理解できるに違いありません。

しかし、接着剤の成分・配合やその塗布・乾燥までは、できあがった現物を見ただけではわかりません。だから、真似をして同じようなノートを作ろうとしても、思うようにできないのです。

中村さんはプロモーションという点では社員の孫娘さんの手を借りましたが、特許に関してはなかなかの戦略家、かなりの知財コミュニケーション力の持ち主であることが十分に伝わってきます。もちろん、契約をした印刷屋さんともしっかりと守秘義務を交わしていることでしょう。

オープン・クローズは大企業だけのお家芸ではありません。あなたも知財を正しく理解し、オープン・クローズ戦略を用いれば、大ヒット商品を生み出すことも不可能ではないのです。

『伊右衛門』の狙い

さあ、お待ちかねのサントリー『伊右衛門』について、お話ししましょう。

私が調べた限り、サントリーは『伊右衛門』の製法について、「石臼で挽いて茶葉を微粉砕する技術」「微粉砕した茶葉を浮遊させる技術」といった技術の特許を出願しています。

この事実を知った当初は、

「ライバルにパクられたとしても、その証拠は押さえづらいのだから、出願しないほうがよかったのではないか?」

と、思いました。その思いは今もゼロではありませんが、さまざまな調査を行っていくうちに、少しずつ同社の狙いがわかってきました。

あくまで私の推測ですが、サントリーが特許出願した目的は「技術の模倣を防ぐ」ことではなく、「マーケティングの道具として活用すること」にあったように思うのです。

たとえば「石臼で挽いて茶葉を微粉砕する技術」を使えば、『伊右衛門』の味を再現できるかというと、そう簡単にはいかないはずです。

家庭で淹れるお茶だって、茶葉の量やお湯の温度、湯出しの時間などによって、まったく違う味になりますよね。何より『伊右衛門』は、コラボレーションしている京都の福寿園の茶葉のみを使用しています。

サントリーは「石臼挽きの茶葉を使うことは開示しても、その他の条件を示さなければ同じ味は誰にも作れない」と踏んだのではないかと私は思うようになりました。

そして、「石臼で挽いた茶葉」と聞いたとき、私たち消費者は「本格的だな」「なんとなくおいしそう」と思います。しかも「特許」です。特許出願のリスクをとってでも、消費者への宣伝効果が十分にあると考えたのではないでしょうか。

数多(あまた)ある緑茶飲料を押しのけて、後続ともいえる『伊右衛門』がこれだけのヒット商品となった事実を見ると、その選択は正しかったといえます。

その後のニュースを見ると、トクホ（特定保健用食品）ジャンルにかなりの後続で参戦したにもかかわらず、『伊右衛門』のトクホバージョン『特茶』はそれまでの商品を抑えて、ヒット商品になっているそうです。

これも『伊右衛門』ブランドが消費者にしっかりと根づいている証拠。そして、「特許」というイメージ戦略がその要因として大きく貢献しているとはいえないでしょうか。

絶対秘密の『コカ・コーラ』、オープン・クローズ戦略の『伊右衛門』。戦略は違えど、どちらも知財コミュニケーション力を賢く活用している。それがしっかりと商品力になっているのです。

この他、ファスナーの国内シェア95％を誇るＹＫＫもオープン・クローズ戦略をとっています。海外でも70カ国で事業を展開しており、ユニクロを運営するファーストリテイリング、ＧＡＰ、ＮＩＫＥ、リーバイ・ストラウス社など、グローバルに事業を展開する大手のアパレル・メーカーはじめ、ルイ・ヴィトンやフェラガモといった高級ブランドも顧客とするその世界シェアは45％。

ＹＫＫはファスナーを作る機械そのものを自社で開発し、海外の取引先にもそれを渡しています（オープン）。同じ機械で作るから、世界中どこで作っても同じ、高品質なものを大量に作れるけれど、その大本である機械の作り方は絶対に教えない（クローズ）というわけです。

ちょっと脇道にそれますが、日本の半導体メーカーが力を失ったのはなぜでしょうか？

それは、日本の半導体メーカーが製造技術を自分たちで開発することをあきらめ、半導体製造装置のメーカーに任せっきりにしたこと、そこから買ってきた装置で半導体を作るだけの製造工場になってしまったことが大きな理由として挙げられています。

同じ装置を使えば、同じ品質の半導体が作れるのは当たり前で、あとは「安くしたほうが勝つ」という値段勝負のワゴンセールです。コストの安い韓国や台湾のメーカーに負けるべくして負けたわけです。

自分たちのアイデア、技術を自分たちで守る術をもたなかった。もう、そんな日々には別れを告げましょう。

アイデアのオープンにしていい部分、クローズしておかなければならない部分を戦略的に線引きし、特許すら利用し、世界市場で堂々と勝利をつかみ取っていく。

知財コミュニケーション力がそれを可能にしてくれるのです。

あとがき

最後までお読みいただき、ありがとうございました。

あなたの目に、「知財」というものは、どのように映ったでしょうか。

「知財なんて何のことかわからないし、まったく関係ない」と思っていたけれど、実際にはそうではないことがおわかりいただけたとしたら、うれしいです。

私は39歳のときに弁理士になり、40歳で特許事務所を設立しました。その後、10年ぐらいは、がむしゃらに仕事をしました。

でも50歳を過ぎ、知財業界の実態に疑問を感じるようになりました。東京農工大学の大学院へ進学したのは、その疑問に対する答えを見つけるためでした。

日本の企業はたくさんの特許をもっているが、その割には競争力が伴っていない。伴っていないどころか、どんどん衰えてきているのは、すでに申し上げた通りです。

繰り返しになりますが、断言します。

知財が他人事だという会社は日本中に1社もありません。自分とは関係ないという人も1人もいません。

私たち日本人が祖先から受け継いできた類稀(たぐいまれ)なる「勤勉さ」に「知財コミュニケーション力」が加われば、鬼に金棒です。遠からず、燦々(さんさん)と輝く日本へと復活できるでしょう。そう思うと、居ても立ってもいられない気分です。

この本を手にしてくださったみなさん、ここで知り得た知財についての知識、知財コミュニケーション力をどうぞ身近なことに活用していってください。

私は知財コミュニケーション力を広めるための「知財コミュニケーター」として、粉骨砕身の努力をしていきます。

本書を書くにあたって、まず正したいと考えたのが、「特許万能」という大いなる誤解でした。

特許だけでは、アイデアは守れない。

こんなことを声高らかにいう私は、知財業界から嫌われるかもしれません。吉田松陰は、

「かくすれば　かくなるものと知りながら　やむにやまれぬ大和魂」

と詠んだそうですが、今まさにその心境でいます。

この覚悟が、1人でも多くの方の心に届くことを願ってやみません。

本書では書き切れなかった、あなたの大事なアイデアを守り、攻めに転じることのできる方法もまだまだたくさんあります。知財について学べば学ぶほど、あなたの期待に応え、多くの

実りをあなたにもたらすでしょう。

知財コミュニケーション力は、あなたを決して裏切りません。

本書を執筆するにあたって新潮社の岡田葉二朗さんと、編集者の秦まゆなさんには、多くのコメントと助言をいただきました。ありがとうございます。

最後に、やはり感謝しなければならないのは、妻・陽子です。自宅にいるときのほとんどの時間は書斎に閉じこもり、筆が進まなければ不機嫌になった（のかもしれない）私を、何も言わずに傍らで見守ってくれました。あんな我慢強い女性は、彼女以外に私は知りません。ありがとう。

新井信昭

平成28年10月吉日

【参考文献】

・出雲充『僕はミドリムシで世界を救うことに決めました。　東大発バイオベンチャー「ユーグレナ」のとてつもない挑戦』ダイヤモンド社（２０１２年）

・伊藤歩「波乱の「切り餅」裁判、サトウ食品はなぜ負けた」東洋経済オンライン　http://toyokeizai.net/articles/-/8988（２０１２年4月19日）

・稲盛和夫、山中伸弥『賢く生きるより辛抱強いバカになれ』朝日新聞出版（２０１４年）

・植村勝彦、松本青也、藤井正志『コミュニケーション学入門　心理・言語・ビジネス』ナカニシヤ出版（２０００年）

・大渕哲也ほか『知的財産法判例集』有斐閣（２００５年）

・小川紘一『国際標準化と事業戦略　日本型イノベーションとしての標準化ビジネスモデル』白桃書房（２００９年）

・株式会社ユーグレナホームページ　http://www.euglena.jp/

・唐津真美「東京五輪エンブレム「劇場ロゴ」そっくり問題「知的財産権」侵害の可能性は低い？」https://www.bengo4.com/houmu/17/n_3481/（２０１５年7月31日）

・グリコピア・イーストホームページ　https://www.glico.com/jp/enjoy/experience/glicopiaeast/

・経済産業省『２０１３年版ものづくり白書』http://www.meti.go.jp/report/whitepaper/mono/2013/

（２０１３年6月7日）
・経済産業省特許庁監修、工業所有権情報・研修館企画『事業戦略と知的財産マネジメント』発明協会（２０１０年）
・Cohen, Wesley M., Nelson, Richard R. and Walsh, John P. "Protecting their intellectual assets: Appropriability conditions and why U.S. manufacturing firms patent (or not)" NBER Working Paper No. 7552, National Bureau of Economic Research, 2000.
・後藤直義、森川潤『アップル帝国の正体』文藝春秋（２０１３年）
・SankeiBiz「中国企業挑発「日本に負ける気がしない」〝パクリ天国〟から特許大国へ」http://www.sankeibiz.jp/business/news/120526/bsg1205260801004-n1.htm（２０１２年5月26日）
・齋藤憲彦、IPFbiz「Appleに特許で勝った個人発明家（後編）」http://ipfbiz.com/archives/saito2apple.html（２０１５年9月24日）
・自由民主党日本経済再生本部「日本再生ビジョン」http: //jimin. ncss. nifty. com/pdf/news/policy/pdf189_1.pdf（２０１４年5月23日）
・妹尾堅一郎『技術力で勝る日本が、なぜ事業で負けるのか　画期的な新製品が惨敗する理由』ダイヤモンド社（２００９年）
・髙崎充弘『「ネジザウルス」の逆襲　累計２５０万丁の大ヒット工具は、なぜ売れ続けるのか』日本実業出版社（２０１５年）
・多喜義彦『「開放特許」で儲ける法　大企業の未利用特許は宝の山』日本実業出版社（１９９８年）
・谷川聡志「卒業論文　川口市の地場産業・鋳物工業の研究」http://myoshida.main.jp/yosisemi/sotsuron/01/tanikawa.pdf
・ヘンリー・チェスブロウ、大前恵一朗訳『OPEN INNOVATION　ハーバード流イノベーション戦略のすべて』産業能率大学出版部（２００４年）
・知的財産管理技能検定ホームページ　http://www.

kentei-info-ip-edu.org/
・知的財産教育協会編『知的財産管理技能検定　公式テキスト3級』アップロード（2015年）
・千葉和義、仲矢史雄、真島秀行『サイエンスコミュニケーション　科学を伝える5つの技法』日本評論社（2007年）
・特許庁編『工業所有権法（産業財産権法）逐条解説〔第19版〕』発明推進協会（2012年）
・特許庁『先使用権制度の円滑な活用に向けて　戦略的なノウハウ管理のために〔第2版〕』http://www. jpo. go. jp/seido/tokkyo/seido/senshiyou/pdf/senshiyouken/senshiyouken_2han.pdf（2016年5月）
・特許庁『特許行政年次報告書2013年版　グローバルイノベーションサイクルを促進する知的財産システムの構築』http://www.jpo.go.jp/shiryou/toushin/nenji/nenpou2013_index.htm（2013年）
・特許庁『特許行政年次報告書2016年版　イノベーション・システムを支える知的財産』http://www.jpo.go.jp/shiryou/toushin/nenji/nenpou2016_index.htm（2016年）
・中尾明『ぼくのフライドチキンはおいしいよ　あのカーネルおじさんの、びっくり人生』PHP研究所（2002年）
・中田裕人「パクリと違法のあいだ　わかりやすい著作権法とオリンピックエンブレム問題」http://blog.livedoor.jp/hirohito_nakada/archives/1039578253.html（2015年9月9日）
・中田行彦『シャープ「企業敗戦」の深層　大転換する日本のものづくり』イースト・プレス（2016年）
・永野周志『特許権・進歩性判断基準の体系と判例理論』経済産業調査会（2013年）
・中村輝雄『おじいちゃんのノート　下町の職人魂がオンリーワンを生んだ』セブン&アイ出版（2016年）
・中森孝文『改訂2版「無形の強み」の活かし方　中小企業と地域産業の知的資産マネジメント』経済産

業調査会（２０１５年）
・奈良由美子『生活リスクマネジメント』放送大学教育振興会（２０１１年）
・西川喜裕「知的財産戦略と営業秘密」『日本知財学会誌』第11巻第2号　pp.4-12（２０１４年）
・日経デザイン編『アップルのデザイン戦略　カリスマなき後も「愛される理由」』日経ＢＰ社（２０１４年）
・日本経済新聞「攻めに転換　成果生む」（２０１５年1月5日付朝刊）
・日本経済新聞電子版『「ｉＰｏｄ」特許訴訟、アップル側の賠償確定　最高裁』（２０１５年9月10日）
・日本経済新聞「企業　強さの条件　第6部　奪い合いの先に③　特許に勝る「秘伝のタレ」」（２０１０年11月18日付朝刊）
・日本経済新聞「「真っすぐ麺」製法巡り和解　日清とサンヨー食品」（２０１５年1月22日付朝刊）
・日本経済新聞「技術の海外流出　防ぐには」（２０１４年6月1日付朝刊）
・日本経済新聞社編『シャープ崩壊　名門企業を壊したのは誰か』日本経済新聞出版社（２０１６年）
・日本サイエンスコミュニケーション協会編『サイエンスコミュニケーション第1号』（２０１２年）
・日本弁理士会編著『改訂版　知的財産権侵害訴訟実務ハンドブック』経済産業調査会（２００８年）
・深津貴之「よくわかる、なぜ「五輪とリエージュのロゴは似てない」と考えるデザイナーが多いのか？」http://bylines.news.yahoo.co.jp/takayukifukatsu/20150907-00049112/（２０１５年9月7日）
・ヘンリー幸田『なぜ、日本の知財は儲からない　パテント強国アメリカ秘密の知財戦略』レクシスネクシス・ジャパン（２０１３年）
・前川修満『会計士は見た！』文藝春秋（２０１５年）
・マギー司郎、マギー審司『マギー司郎とマギー審司のおもしろマギー・マジック25』海竜社（２００５年）
・牧野利秋、飯村敏明『知的財産関係訴訟法　新・裁

判実務大系4』青林書院（2001年）
・峰如之介『なぜ、伊右衛門は売れたのか。』すばる舎（2006年）
・山本佳世子『研究費が増やせるメディア活用術』丸善出版（2012年）
・湯之上隆『日本「半導体」敗戦　イノベーションのジレンマ　なぜ日本の基幹産業は壊滅したのか』光文社（2009年）
・横田悦二郎『金型ジャパンブランド宣言　世界に勝つモノづくり』日刊工業新聞社（2005年）
・吉川肇子『リスクとつきあう　危険な時代のコミュニケーション』有斐閣（2000年）
・読売新聞「国家戦略を考える　第3部①　流出する特許出願情報」（2005年7月1日付朝刊）
・スティーブン・レヴィ、上浦倫人訳『iPodは何を変えたのか？』ソフトバンククリエイティブ（2007年）
・渡邉知子、龍村全『知的財産権とデザインの教科書』日経BP社（2009年）

※インターネットの記事、ホームページなどへの最終アクセスはすべて2016年10月7日です。

編集協力　株式会社天才工場　吉田浩
秦まゆな
本文デザイン　森杉昌之
装　幀　新潮社装幀室

[著者紹介]

新井信昭（あらい・のぶあき）

1954年生まれ。高卒後、サラリーマン生活を送る中、幼なじみから見せられた大学の卒業証書を見て一念発起。新聞配達やタクシー運転手などでお金を貯め、25歳の時に1年間かけて世界一周の旅へ出る。帰国後、身に付けた英語を生かして秋葉原の免税店で働き始めるが、そこで知り合った司法試験受験生に影響を受け、法律の面白さに目覚める。29歳で行政書士、30歳で弁理士予備試験に合格。精密機械メーカー勤務の傍ら、39歳で弁理士本試験に合格。芝浦工業大学夜間部の学生と特許事務所所長の二足の草鞋を履く。同大学2部電気工学科卒。さらなる知見を得るために52歳で東京農工大学大学院入学。博士（工学）。現在は同大学院・ものつくり大学非常勤講師（知財戦略論）、（株）グリーンアイピー代表取締役。知財コミュニケーション研究所代表。

www.greenip.co.jp

レシピ公開「伊右衛門」と絶対秘密「コカ・コーラ」、どっちが賢い？　—特許・知財の最新常識—

著　者　新井信昭

発　行　2016年12月20日

発行者　佐藤隆信

発行所　株式会社新潮社　郵便番号162-8711
東京都新宿区矢来町71
電話　編集部 03-3266-5611
読者係 03-3266-5111
http://www.shinchosha.co.jp

印刷所　株式会社光邦

製本所　株式会社大進堂

ISBN978-4-10-350611-9 C0030
価格はカバーに表示してあります。